HAPPY SCIENCE UNIVERSITY

HSU
未来をつくる授業

世界に貢献する人材を育てる

黒川白雲
［編］

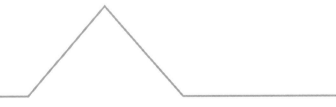

まえがき

「ハッピー・サイエンス・ユニバーシティの授業では毎回、最後に拍手が起こるんです」

私の知り合いにそう伝えても、いつも信じてもらえません。大学の授業で、魂が踊るような喜びを味わったり、感動で泣いたりするようなことが本当にあり得るのだろうか。私が相手の立場だったとしても、おそらく信じられないでしょう。

そうであればこそ、多くの方に、「現代の松下村塾」であるハッピー・サイエンス・ユニバーシティ（以下、ＨＳＵ）で学生たちが体験している「学ぶ喜び」を、実体験していただきたい――そんな願いを出発点とし、本書は編集されました。

二〇一五年四月に開学したＨＳＵの人間幸福学部、経営成功学部、未来産業学部の三学部（※）の代表的な授業をそれぞれ二つ選び、その内容の一部を再現し、収録しております。

※二〇一六年四月に未来創造学部を新設し、四学部体制になる。

授業の感想として、以下のような声が日常的に寄せられています。

「毎回、心が洗われる」「一番悩んでいることの答えがみつかり、前向きになれた」「毎回、授業があっという間。一時間半が経ったとは信じられない」「HSUに入学して、毎日が奇跡の生活だということに日々、感謝です」「祈りや教学の素晴らしさに気づき、信仰心が深まった」「毎回の授業が生きていくのに必要な人生訓に満ちている」「将来、経営者になりたいという夢が固まり、親への感謝も深まった」「いつも授業で思わず泣いてしまう。めっちゃ泣いた！」

こうした感動の声は、もちろん教授陣の熱心な授業の賜物でもありますが、学問に対する学生たちの熱心さはそれに劣らないものであります。教授陣と学生が一体となって授業をつくり上げているのです。

したがって、HSUの授業は、「参加」してはじめて価値が出てきます。読者の皆さまにも本書を通じて授業に参加し、楽しんでいただきたいと思います。授業内容はもちろんのこと、HSU生はどのように学問にとり組んでいるのか、授業でどのような人生の学びを得て、どのような感動を得ているのか、どのように学問と仏法真理(※)の融合がなされているのかを、知っていただけることと思います。

高等宗教研究機関でもあるHSUは、〝大学を超えた大学〟として新しい学問を創造し、学問界におけるニュー・フロンティアを目指しています。ここでは、「未来の創造」に向けて、日本の高等教育を牽引するエリート教育がなされているのです。

また、二〇一六年四月には、四つ目の学部として「未来創造学部」新設を予定しています。希望の未来を切り拓く力を持った政治家、ジャーナリスト、俳優やタレントなどのスター、クリエーターの輩出を目指します。政治学や法学に加え、人気、感性、美などについても探究していきます。HSUのさらなる挑戦にご期待いただければ幸いです。

最後になりますが、HSUのすべての授業は、創立者の説かれる幸福の科学教学を土台として、多様なる学問として花開いたものであります。この場をお借り

※ ハッピー・サイエンス・ユニバーシティ創立者である大川隆法総裁が説く教説。一九〇〇冊を超える経典発刊、二四〇〇回を超える説法がなされている(二〇一五年十一月現在)。

しまして、創立者である大川隆法・幸福の科学グループ創始者 兼 総裁に深く感謝申し上げる次第です。

二〇一五年十一月十五日

ハッピー・サイエンス・ユニバーシティ
バイス・プリンシパル 兼 人間幸福学部ディーン　黒川 白雲

HAPPY SCIENCE UNIVERSITY

目次 *Contents*

目次

第2限

第3限

第4限

経済学入門　鈴木真実哉――164

第5限

第6限

※文中、特に著者名を明記していない書籍については、原則、大川隆法著です。

HAPPY SCIENCE UNIVERSITY

序　*Opening*

「クリエイティブ・ミーティング」

近藤海城

二〇一五年七月四日（土）、ＨＳＵ大講義室で「クリエイティブ・ミーティング」と題する、学生による学内プレゼンテーションが行われた。

教員による趣旨説明ののち、トップバッターである未来産業学部の学生Ｙ君が演台に立ち、パワーポイント（※）のスライドを大スクリーンに映し出す。

「皆さんはゴミ箱にペットボトルがあふれているのをご覧になったことはありませんか」という問いかけから始まったＹ君の発表は、ペットボトルのリサイクル方法に関する提案である。使用済みペットボトルの回収が進められているが、ペットボトルは空き缶のように潰せないため、非常にかさばっていることや、リサイクルのコストが下がっていないという現状を、スライドを使って説明したうえで、それを解決するための既存の製品には、さまざまな欠点があることを指摘した。

そこで、彼の考えた「ある装置」のアイデアを披露し、装置の原理をペットボトルを使って実演してみせた。また、希望小売価格だけでなく、この「ある装置」を広めるために考案した付加価値とユーモア性についても説明した。まだアイデ

※ パソコンで使う、スライド型プレゼンテーション用ソフト。

アレベルであり、改善の余地があることを補足しつつも、持ち時間の十分をいっぱいに使った発表は堂々としたものであった。

続いて、質疑応答の時間に入った。参加した経営成功学部と未来産業学部の学生から数多く手が挙がり、安全性や操作方法などについての質問が出されたが、事前に想定していた質問らしく、Y君は即座に答えていた。

未来産業学部の学生からは、「それを応用して、こうしたらおもしろいのではないか」という提案があった。このような提案は、チャレンジ精神と創造性の発揮そのものであると考えられたので、進行役の教員から、聴衆からの提案も歓迎する旨が学生に伝えられた。それ以降、さらに学生の手が挙がり、五分の質疑応答は、予定時間を大幅に超えた。

二番目のM君は、風呂の排水溝の蓋《ふた》に絡まる髪の毛を簡単にとり除ける製品についての発表をした。機能性を高める工夫だけでなく、「トレール」というわかりやすい名前をつけた点にも多くの聴衆は感心していたと思われる。この製品がいかに競合製品に比べて優れているか、安く販売できるかなどといった、商売センスもあるプレゼンであった。

終了後、大講義室の後方に座っていた女子学生たちから生活目線の鋭い質問やきめ細かな提案が相次ぎ、製品の改善ポイントなども明確になった。デザインを美しく改良して「クールさ」を全面に打ち出せば、プレミアム層に売れるのではないかという提案もあった。このミーティングに参加したある教員は、この製品が実用新案のレベルになっていると思われたようで、その後、M君に実用新案として申請してはどうかと勧めている。

三番目のI君は、植物工場の先進的アイデアを披露した。童話からとったユニークな名前は、非常に印象的だった。聴衆への問いかけを交えながら、農学や栄養学の観点からも製品の必要性を強調した。また、HSUブランドを立ち上げたいという思いを熱く語った。最後には、映画「スター・ウォーズ」シリーズに登場するロボットのキャラクターをイメージとして示しながら、このアイデアは宇宙で展開することも想定しているという、夢の膨らむ未来ビジョンを示した。

ここでも、技術的質問や提案が多数なされた。実現可能性についての質問があったが、驚いたことに、I君はK教員の協力を得て、すでにアイデアを実験に移しているという。単なるアイデアに留まっていないからこそ、彼の発表は自信にあふれたものになっていたのだろうと思われた。さらに、別の学生から植物工場の応用として、宇宙の分野のみならず、女性をターゲットにした製品をつくってはどうかという提案もあった。

最後の発表者N君は、コンピューターと人間のインタフェースに関する新しいアイデアを披露する予定で、前日も準備に余念がなかったが、練習に力を入れ過ぎたためか、当日、寝坊してしまった。その日の最も残念な出来事であった。

彼らの考えたアイデアや提案は、いずれもきわめて有用性があり、知的財産にもなりうると考えられたため、本書では詳細な紹介は控えた。いずれ世の中に出てくるものもあるだろう。

ここで強調しておきたいのは、発表した学生、ならびに質疑応答に参加した学生は、入学してからこの発表の日までわずか三カ月しか経っていないということである。

また、発表にかかわった四名はいずれも、自分から手を挙げた未来産業学部の有志であるが、実は、授業の段階で、未来産業学部のほとんど全員からこのような斬新なアイデアが提出されていた。その実現可能性や将来性について、複数の教員で熱く議論し合ったことも付記しておきたい。

彼らの驚くべき才能はどこから生まれたのであろうか。もともとの素質も大きいだろうが、ＨＳＵでは、幸福の科学の教学をベースにして、彼らの持つ才能を開花させ、伸ばそうとする教育を重視していることに一因があるのは確かだろう。

ＨＳＵは「幸福の探究と新文明の創造」を建学の精神とし、人間幸福学部、経営成功学部、未来産業学部のそれぞれが、それぞれのアプローチでこの理念を体現することに挑戦している。本書は、開学直後の二〇一五年春から夏に行われた授業を、惜しげもなく公開したものだ。

「クリエイティブ・ミーティング」の開催を呼びかけた「未来産業教学概論」の内容の一部は、第5限で紹介する。

(かねこ・かずゆき)

1964年生まれ。駒澤大学経済学部経済学科卒業。1990年より幸福の科学に奉職。幸福の科学指導局、支部長、書籍編集部、メディア文化事業局、ヤング・ブッダ渋谷精舎副館長、総本山・那須精舎館長などを経て、現在、ハッピー・サイエンス・ユニバーシティ プロフェッサー。著書に、『「自分の時代」を生きる』(幸福の科学出版)など、編著書に、『HSUテキスト1 創立者の精神を学ぶI』『HSUテキスト2 創立者の精神を学ぶII』、共編著に『HSUテキスト4 基礎教学A』『HSUテキスト8 基礎教学B』(HSU出版会)がある。

HAPPY SCIENCE UNIVERSITY

第1限 *The Spirit of the Founder of Happy-Science University Part 1*

創立者の精神を学ぶⅠ　金子一之

「創立者の精神を学ぶⅠ」は、全学部必修の教学科目である。Ⅰ年次前期に「創立者の精神」「建学の精神」を学び、ＨＳＵでの４年間の勉学に必要な基礎を身につける。本講義録には、金子プロフェッサーによる、人間幸福学部生のクラスの授業を収録した。

1．人生に成功する秘訣とは

皆さん、こんにちは。それでは「創立者の精神を学ぶⅠ」の授業を行いたいと思います。

この科目は文字通り、本学の創立者であり、幸福の科学グループ創始者の大川隆法総裁の精神を学んでいくという、ＨＳＵにとって、最も大切な科目の一つです。これまで大川総裁が、おもに学生・青年向けに説かれた法話や経典の内容を中核としてまとめた『ＨＳＵテキスト１　創立者の精神を学ぶⅠ』を使って、学生時代に身につけたい人生の叡智を学び、世界に貢献できる「一流人材」「リーダー人材」として自分を徹底的に磨き込むための手引きです。

その意味で本科目は、知識を身につけるのみならず、立派な人格を築いていくための「自己との対決」を迫っているものでもあり、いわば「大人の学問」でもある点が大きな特徴となっています。

それでは、唐突ですが〝クイズ〟です（笑）。
ある著名な思想家が、その著書のなかでこんな「謎かけ」をしています。

「この世界のあらゆるものの中で、もっとも長くまたもっとも短く、もっとも迅速でまたもっとも遅く、もっとも細かく分割できながらまたもっとも広大で、もっともないがしろにされながらまたもっとも惜しまれ、それがなければなに一つ行うことができず、ちっぽけなものをすべて飲み尽くし、偉大なものをすべてよみがえらせるもの、それはなにか」

皆さんは、何だと思いますか？

学生A　光？　水？

なるほど、確かに短くも長くもなり、私たちの命を支えてくれているという意味で、それがなければ何一つ行うことができません。これは「自然科学的」答えですね。ほかには？

学生B それは、「時間」だと思います。

おお！ 答えてほしい回答をくれました（笑）。では、著者が誰だか知っていますか？

学生B それは……、知りません！（笑）

スパッと答えを出されたら、私の出番は必要なくなるところでした。ありがとう（笑）。

これは、一八世紀の啓蒙思想家であるヴォルテールの「ザディーグまたは運命」という作品にあるものです。

意味は、ヴォルテール自身が、この問いのあとに次のように解説しています。

これほど長いものはありません（中略）なぜなら、それは永遠の尺度であるからです。これほど短いものはありません。なぜなら、われわれのあらゆる企てにはそれが不足しているからです。待つ者にとってそれほど遅いものはありませんし、楽しむ者にとってそれほど速いものはありません。拡大すれば無限にまで広がり、縮小すれば限りなく分割されます。すべての人がそれをないがしろにし、それを失うとだれもが惜しみます。それがなければなに一つ行われず、それは後世に残すに値しないものをすべて忘れさせ、偉大なものを不滅にします（※）

とても含蓄《がんちく》がありますね。

※ヴォルテール著、植田祐次訳、「ザディーグまたは運命」『カンディード 他五篇』岩波文庫、二〇〇五年、pp.211-212

この言葉を紹介したのは、ほかでもありません。本日の授業では、この「時間」ということを一つのテーマとして、人生の持ち時間を増やし、人生に成功する秘訣についていて考えていきたいと思っているからです。

2. 学生、青年にとっての「時は金なり」とは何だろうか

◆二十代は「モラトリアム期間」？

ではなぜ、「時間」をテーマとしてとり上げたかというと、学生時代に時間の意味とか使い方を学ぶということは、本当に、重要なことであると考えるからなんです。

アメリカの心理学者メグ・ジェイは、このようなことをいっています。

二十代のときの生き方、過ごし方が、その人の人生のすべてを決定してしまう、

と。心理学の観点からこういう見解を出しているのです。少しドキッとしますね。

現在のアメリカで暮らす二十代の若者たちの考え方は、「現代は、医学も発達して寿命も大変伸びているから、そんなに人生焦らなくてもいいんじゃないか」「周りの友人たちも皆、二十代の我々には、まだ先があるから、遊んでおかないと損だといっている」というような、目先の楽しみを優先する傾向が強いそうなんです。結婚とか就職とか、その後のキャリア形成とか、そういうものは、三十歳からスタートすれば大丈夫。「今の三十歳は昔の二十歳」だから、二十代は無駄にしても大丈夫なんだ、と考えているようなのです。

そして、社会通念的にも、二十代というのは「モラトリアム期間」「大人になるための準備期間」、あるいは「子供大人の時期」だから、いろいろ試行錯誤して無駄にしてしまっても大丈夫なんだ、と思われているそうなんですね。

しかし、このジェイさんは、「今の三十歳は昔の二十歳」という考え方はまちがっている、と気がついたわけです。今も昔も二十歳は二十歳で、三十歳は三十歳なんだ（笑）、と主張しているんですね。

◆二十代の「時間投資」の仕方が、人生成功への道を拓く

さらに彼女がいうには、その人の人生に決定的な影響を与える出来事は、その八割、八十%が、実は三十五歳までに起こっているんだということが、事実として知られているというんですよ。つまり、その人の人生を決めてしまう、変えてしまうような出来事が十個、生涯のなかで起きるとしたならば、その十個のうちの八個は三十五歳までに起こるんだということなんですね。

ですから、まだまだ先があると思って、キリギリス型の生き方で、「まだ暑いから、冬の支度はまだ先にすればいいや」と遊びほうけていると、三十歳を迎えたときに人生はどうなるか。

何か素晴らしいことが起こるのか。

何も起きない、“nothing”なのです。

そういう人は結局、二十歳から三十歳の「十年」という時間と、その間に起きたはずの八割の人生のチャンスと、そのときに心のなかに描くことができたはずの大きな志《こころざし》、それらを失っただけで、新しい人生のスタートを切れるような希望に満ちた出来事は、絶対に何も起こらないんだ、ということをいっているわけなんです。

その結果、その人たちはどうなるかというと、「今まで、いったい自分は何をしてきたんだ」「自分って何だったんだろうか」と、「自己喪失」してしまうんですね。これは、心理学の分野でいう「アイデンティティ・クライシス」というものです。じゃあ、どうしたらいいかということで、ジェイさんは、こういうことを提唱しているんですね。この期間、二十代は、遊んだり好き勝手に生きて無駄にしたりするのではなくて、「アイデンティティ・キャピタル」を築いていきなさい、と。つまり、自己形成です。自分自身の価値、資産というものを高める期間にすべきで、将来の自分を理想に近づくために、自己投資、時間投資をして自分の価値を高めなさい、ということを訴えていました。

もちろん、皆さんは仏法真理を学んで信仰に目覚めておりますので、二十代を大人になるための「モラトリアム期間」と考えて無為に過ごすことはないと思いますし、この真理の縁に触れたならば、二十代を過ぎていたとしても、年齢にかかわりなく、人生を変えて幸福への道、成功への道に入っていくことができることを知っています。

しかし、時間の使い方を考えることが重要という点では同じであります。これによっていかに人生の質を変えていけるのか、あるいは、充実させていけるのか、こういう共通した課題というものはあるのではないかと思うんです。

3. 時間の使い方によって人生の質を変える

◆時間の「平等性」を知る

じゃあ、どういうふうに時間を使っていったならば人生の幸福、成功への道に入っていけるんだろうかということを、本日はさらに具体的に、学んでいきたいと思っています。

これに関して、まず時間の大切さについて、大川総裁の法話「成功への道」(※)から学んでみたいと思います。

「時は金なり」はベンジャミン・フランクリンの言葉です。暦《こよみ》にもよく書いてありますし、ことわざにもなっていますが、この言葉の意味を悟ったのです。一日は二十四時間しかなく、どのような人間であっても、これは変えられ

※『Think Big!』第4章所収。

ません。また、人間は、たいてい二万日少々しか生きられないものです。

人間は「時の女神」の下に平等です。成功する人にも、失敗する人にも、一日は二十四時間しか与えられておらず、「片方には二十四時間、もう片方には百時間が与えられる」というような不公平はありません。どのような人も、「この二十四時間を使って、成功するなり、失敗するなり、どうぞ、ご自由に生きてください」という条件を与えられています。

もし「平等性」というものがあるならば、それは、能力や才能に関してではなく、時間に関してでしょう。「一日は二十四時間である」ということにおいては、誰に対しても完璧な平等性が与えられているのです。

私は、そのことを知りました。結局、偉人だ何だと言っても、わずか数十年の人生であり、「一日の二十四時間を、どう使ったか。そして、人生の何十年かの間の時間を、どう使い切ったか。これで結果が決まるのだ」ということを知ったのです。

　ここでは、時間の使い方の大切さが非常にわかりやすく、リアルにイメージできるように説明されていますね。

　皆さんも、この「時は金なり」という言葉は知っていますね。しかし、知ってはいたとしても、そう簡単に自覚することはできないのではないでしょうか。知ってはいるんだけれど、本当に「金なり」と思って、生きているかどうかは怪しいものがありますよね。

　なぜ自覚することが難しいかというと、「時間」というものは、求めなくても誰にでも与えられていて、皆あることが当たり前だと思っているからでしょう。朝、目が覚めたら与えられているし、しかもこれが無料なんです。タダですから。

　逆の観点からいうならば、時間は、完璧な平等のもとに、どのような人であっても、一日二十四時間が与えられている、ということでもあります。ある人には二十六時間で、ある人には二十二時間ということはなくて、皆、平等に二十四時間が与えられている。だから、当たり前のものであると錯覚しているんですね。

◆人生は二万日～三万日しかない

同じく法話「成功への道」より、時間の使い方について学んでいきましょう。

「その二十四時間の中身をどうするか」ということについて、神が、あの世から声を出して叫び、メガホンを使って指示を出したりはしません。「おーい！　おまえ、時間を無駄に捨てているぞ！　頑張れ！　働け！　勉強しろ！　遊んでいる場合じゃないぞ！」などという声が人間に聞こえてきたりはしないのです。

神は人間に二十四時間をポンと与えています。ただ、神は、その時間を減らしはしません。二十四時間を、十二時間にしたり、五時間にしたりはしな

いで、二十四時間を与えています。人間は、「これをどう使うかが課題だ」ということを知らなくてはいけないのです。

結局、人生は、「一日の二十四時間を、どう使い切るか」という問題の連続であり、その問題を正しく解いていくことが、人生に勝つ方法なのです。これを知らなくてはいけません。

そのためには、まず、一日の時間をコントロールし、「その一日に、自分として、どれだけプラスのものを残すか」ということが大事です。

一生を日数に換算すると、現代の人間の寿命では、二万日〜三万日しか生きられないといいます。つまり、ふんだんに時間があるように錯覚しているけれども、「この世で与えられた時間には限りがある」ということですね。しかも、その時間というのは、砂時計のように常に流れているわけですから、手から砂がこぼれ落ちるように、どんどん流れ落ちていっているわけです。

仏典には、「過去・現在・未来」の「過去」はもう滅しているし、「未来」はまだ来ていない。では「現在」はどうなのかというと、この「現在」もとまることなく流れているもので、つかみどころがないものなのだ、という趣旨のことが説かれているものもあります（「過去心不可得、現在心不可得、未来心不可得」（※））。

この流れ去っていく一生の二万日から三万日を、一度に何とかしようと思っても、どうすることもできませんけれども、今日一日の時間というものは、自らの意志によってコントロールしていくことが可能でもあるんですね。そして、三万日といっても、分解していけば一日一日であり、さらにそれは一時間の積み重ね、一分の積み重ね、一秒の積み重ねでもあるんです。

そうであるならば、どうすればよいのか。結局、今日の二十四時間をどう使い切るかが人生に勝つ方法であり、一日という時間をコントロールして、いかに素晴らしいものを残していくかにかかっている、ということに気づくことだと思うんです。

じゃあ、そう問われて振り返ってみると、どうでしょうか。

※『金剛般若経』にある言葉。「過去・現在・未来思」は皆とらえようがないという意（三世不可得）で、心の無形性を示している。『無門関』の第二十八則「久嚮龍潭」には、中国唐代の禅者の徳山宣鑑が、茶店のおばあさんにこの言葉の意味を問われ、答えに窮する場面がある。これを「過去・現在・未来」という時間の流動性からとらえるのではなく、絶対時間・純粋時間（久遠の今）という観点から検討する解釈もある（現世の修行の効果談）。

そんなに深く時間の使い方を考えずに生きていることが、正直多いんじゃないかと思うんですね。どちらかというと、流れるままに受け身の状態で生きていることが多いのではないでしょうか。

4. 「時間の反省」を実践してみよう

◆「時間の反省」三つのポイント

ここまで、時間の使い方が重要だということ、時間は貴重なもので、有限であることを学んできました。ここからは、さらに具体的に人生成功の道に入るためにはどうすればよいか、について学んでいきましょう。

先ほど、「私たちは、時間について受身の状態で、十分生かし切れていないのではないか」という問題提起をしました。

そうであるならば、自分は一日二十四時間という時間をどのように使っているのかを知ること、つまり「時間に対する反省」から入っていくことが、成功の鍵となるのではないか、と思うわけであります。では、この時間についての反省は、どのように実践していったらいいのか。これが次なる課題になるわけです。

再び、大川総裁の法話「『経営成功学』とは何か」(「経営成功学」に関する質疑応答)(※)から学んでみたいと思います。

私も、毎夜、反省をしています。いつも、「今日は進まなかった。大したことができなかった」と言っているので、家内からは、「そんなことはありませんよ。今日は、あれとあれとあれをしましたよ」などと、よく言われています。(中略)

例えば、ある仕事が終われば、必ず、「次は何か」と考えるし、「次の次は何か」まで考えて、必ず、間接的に仕込みを始めていきます。直接やるもの

※『「経営成功学」とは何か』として出版されている。

も考えますが、間接的なものも考えていくタイプなのです。（中略）

それにしても、一日二十四時間はけっこうあります。それを、「いかに使っていくか。何に使っていくか」ということが大事です。簡単な反省で結構ですので、「自分は、今日の時間を十分に生かしたかどうか」と振り返ることが、非常に重要なのではないでしょうか。

（中略）時間の観点から、「今日、自分の生産性、人生の付加価値があったかどうか」を考える習慣を持つことが大事なのです。

これは、必ず積み重なっていくものですので、どんな仕事をしていても、おそらく、気がつけば、そうとうなところまで行っているだろうと思います。

毎日毎日、「今日は、どの部分に改善があったか」ということを考えることです。こういう習慣を持っているだけで、何かが変わっていきますし、その積み重ねは、けっこう大きなものになります。

法話のポイントを確認しておきましょう。

第一に、今日の時間を十分に生かしたかを振り返ること。

第二に、時間の観点から、今日の自分の生産性、付加価値があったかを考えること。

第三に、今日のどの部分に改善があったかを考えること。

これを毎日実践するということです。実際に行ってみると、「時間の反省」はすごく大事だということがわかってきます。そこで、今日は自分の一日を具体的に振り返ってみて、自分は実際にどのような時間の使い方をしているのか、「一日の時間反省シート」を使って簡単にチェックしてみようと思います。

このシートには、朝の五時から夜の二十四時まで、一時間の枠ごとに時間の使い方が記入できるようになっています。昨日の生活を思い出して、自分はどういう時間の使い方をしていたのか、振り返ってみたいと思います。それでは、わずか五分ですが、昨日のご自身の時間の使い方について、思い出して振り返ってみてください。

「一日の時間反省シート」記入（図1）

いかがだったでしょうか。意外と思い出せない、とかですね（笑）、いろいろ感じたことがあったと思いますが、それを眺めてみて、いかがでしょうか。

大体、自分はなんて怠け者なんだろうかとか、欲望に弱いんだろうか、と反省が入るはずなんですね。どうですか。ちなみにお聞きします。昨日の時間の使い方は完璧であると思った方、いますか。いたら手を挙げてください。

■図１　「一日の時間反省シート」

時間	記録内容
5：00	
6：00	
7：00	
8：00	
9：00	
10：00	
11：00	
12：00	
13：00	
14：00	
15：00	
16：00	
17：00	
18：00	
19：00	
20：00	
21：00	
22：00	
23：00	
24：00	

さすがにいませんよね。

学生C　はい！

え!? あなた完璧？（笑）

学生C　はい!!（笑）

そんな奇特な方がいらっしゃるのですか。恐れ入りました（笑）。
そうやっていい切れる一日を毎日送りたいものです。
今、実際にやってみてもらったように、毎日自分の時間の使い方について振り返り、もっと素晴らしくできないか、と反省していくことが、一日一日を黄金《おうごん》色に輝かせていく秘訣なんですね。

でも、意外と記憶はあいまいなもので、「昨日の夜の七時にどんなことをしたかな」とか、「食事とか、入浴とかに、何分かかったかな」とか考えてみると、はっきり思い出せないことが多いと思うんですよ。三十分ぐらいかなと思っていても実際にかかっている時間は全然違うということは、結構あるんですね。

そこでお勧めしておきたいことは、年に数回、こういうシートやノートを使って、リアルタイムで自分の時間の使い方を記録して、「時間日誌」をつけてみるという方法です。これは、経営学者のドラッカーもいっていますし、「タイム・マネジメント」関連の書籍ではよくいわれていることなんです。

たとえば私は、年に数回、手元にシートを置いておいて、十五分～三十分刻みぐらいでメモをつけていました。最近はグーグルのスプレッドシートを使っています（図2）。

実際にやる人はなかなか少ないんですけども、騙されたと思って一回やってみていただきたい。特に、「忙しい忙しい」「時間がない時間がない」といっている方

■図2　一日の時間の記録をつける（例）

	2014/8/5		2014/8/6
7：00		6：50	起床
7：15	起床	7：00	祈り・瞑想
7：30		7：10	着替え
7：45	出発～「希望の法」講義学習	7：20	出発～　英語学習
7：57	～四ツ谷　英語学習	7：36	～四ツ谷　手帳記入
8：15	読書	7：46	英語学習
8：30		7：56	読書
8：45	四谷乗換「希望の法」講義学習	8：20	執筆
9：00	四谷～溜池山王	8：35	四ツ谷乗換　英語学習
9：15	赤坂　朝礼	8：40	四ツ谷～溜池山王　英語学習
9：30		8：45	ドトール
9：45	本日の予定作成		
9：55	時間管理票作成・記入		
10：10	ﾃｷｽﾄ作成（基本を学ぶ 第5章）	9：15	朝礼
10：15		9：30	交通費精算
10：30		9：35	to-doリストチェック
10：45			
11：00		10：07	著書執筆
11：15		10：30	
11：30	祈りの時間	10：50	出版会体制進捗確認
11：45	ﾃｷｽﾄ作成（基本を学ぶ第5章）	11：15	著書執筆再開
12：00		11：30	
12：15		12：00	
12：30		12：35	昼食・休憩
12：50	昼食	13：02	英字・国内新聞チェック
13：00			
13：15		13：15	創立者の精神Ｉ 第6～9章ﾁｪｯｸ
13：30	ﾃｷｽﾄ作成（基本を学ぶ第5章）		
13：45		13：45	基本を学ぶ1 第5章作成
14：00			

※リアルタイムで記入する

※15分目安で記録

には、魔法のような効果が現れてくることがあります。

◆「時間の反省」の効果

以前、この時間の反省について講義したところ、実際に時間の記録（時間日誌）をつけ、時間の使い方について毎日反省する習慣をつけた方が、こんな効果が出たと報告してくれました。

①こま切れの時間が〝使える〟ようになった

Mさんは、今まで何かの勉強を始めようと思うと、一時間や二時間といったまとまった時間がないとできないと思い込んでいたそうです。しかし、「時間の反省」をすることで三分や五分もあればできることがあるんだ、とわかってからは、こま切れの時間が活用できるようになったのです。

たとえば、空いた時間に英語の単語学習をやってみたら、こま切れの時間を使ったほうがかえって効率がよかった、といいます。時間を〝意識する〟ことで、使える時間が増えた例です。

②心が安定し、自分のことで悩む時間が減った

Aさんは、自分の時間の使い方を毎日ノートに記録して振り返るようにしたところ、無駄時間が省け、今の自分がすべきことがわかってきた、といいます。すると、物事に集中できるようになり、さらに心に余裕が持てるようになって、自分のことでばかり悩むことが減り、ほかの人のことを思いやれる自分、ほかの人の幸福のために心から祈れる自分に変わってきた、と喜んで報告にきてくれました。

③「報・連・相」がしっかりできるようになった

これは学生ではなく、社会人のIさん（サービス業、男性）の例です。その方は、

接客の仕事をしながら、セクションのリーダーとして部下の指導などチーム全体のマネジメントをする立場にいたのですが、仕事が多くて、情報共有をしたり仕事の反省をしたりする時間がとれず、目の前の仕事に追われていました。

そのため、チーム内の意志疎通がうまくいかず、同じミスを繰り返して、お客さまからのクレームも増えていきました。上司から事情をきかれても具体的に答えられず、上司とお客さま双方から叱られ続けていたわけです。

そこで、私のところに相談にきたのですが、改善のための打ち合わせをしようにも、「どこにもそのような時間をとれるタイミングはない」の一点張りなのです。

そのため、まずは自分の時間がどう使われているのか、毎日記録をとり、一週間後にその結果を報告にきてくださいとアドバイスしました。その際に、「時間がなくて打ち合わせができないということは絶対にない」とひと言添えておきました。

私は、一週間後の様子をみてから具体的なアドバイスをしようと思っていたのですが、はからずも、このタイム・マネジメントの実践をしているうちに、「時間がないというのは自分の思い込みで、三十分でも時間をつくろうと思えばできる」ことが具体的に〝みえた〟というのです。そして、その三十分をチームの打ち合わせにあてることで、情報共有やアイデアの共有、正確な状況が把握できるようになり、仕事が非常にスムーズになった、と「信じられない」という顔をして、報告にきたのです。

このように、時間の反省をすると、時間の使い方が変わってきて、自分が変わるという経験をされる方がいるんです。

一日の自分の時間を〝鋭く〟意識することによって、一日の時間の質を高めていくことができるわけです。

これを続けていると、五分の時間感覚ってどれくらいなんだろうか、三分ってどんな感じなんだろうか、一分って実際どのくらいの仕事ができるんだろうか、ということが、体で感じられるようになってくるんですね。この実践をする前であれば、「一分だけではどうせ何もできないからぼーっとしよう」とか、「五分では中途半端で仕事はできない」と思っていたとしても、この「時間の感覚」が体でわかってくると、「五分あったらこれがやれるじゃないか」「一分だったらこれだけ使えるじゃないか」というように、時間に対する意識が変化してくるんです。

時間の反省を実践してみると、先ほど紹介したMさんのように、こま切れの時間の使い方が非常に上手になってくるんですね。それが何を意味しているかというと、今まで使えないと思って無駄にしていた時間が、実はたくさんあるわけです。でも、時間の感覚がわかることによって、自分で〝捨ててしまっていた時間〟を、〝使える時間〟に変えていくことができるということなんですね。

つまり、時間の反省をすることによって、今まで自分の意志で捨てていた時間があるんだと知ることが、実は人生に成功する道に入っていくための第一歩になるんだ、ということなんです。

なぜかというと、捨てていた時間が使えるようになることとは、自分の人生の持ち時間を増やしていることと同じ意味になるからなんですね。

たとえば、将棋で十の有効な駒を持っている人と、百の有効な駒を持っている人が戦ったならば、当然、百の駒を持っている人が、圧倒的に有利になります。使える時間を増やすとは、使える駒をたくさん増やしていくことなんです。

ですから、これが、人生に成功する方法であり秘訣である、という意味でもあります。

■捨ててしまっている時間に気づき、
使える時間に変えていく

5．一日の時間の質を高め、人生成功への道を拓く「夢」を描く力

◆悟りを前進させる「タイム・マネジメント」

大川総裁は、時間を活用する際の大事な視点として、以下の三つを示されています。

第一は、「時間を砂金のごとき重要なもの」だと思うこと。

第二は、この砂金が「指のあいだからこぼれ落ちることを防ぐ」こと。

第三は、「その砂金の粒の一つひとつを、ほんとうに素晴らしい金色に光らせていく」こと（※）。

※『仕事と愛』第七章参照。

ここまで学んできたことは、この三つの実践例であったといえると思います。

ここで、「時間」を意識して生きることの重要な点を一つ指摘しておきたいと思います。それは、このような時間の使い方をマスターすることによって、自らの悟りを前進させていくことができる、という点です。

なぜ、時間の活用と悟りに関係があるのか。それは、私たちの心を、この世的なことのみに埋没させてしまわないためである、といえます。

悟りとは、この世にありながら、「自分は肉体がすべてではない」という「霊的自己」に目覚めて生きることです。しかし、この世のことに忙殺されていると、すなわち時間に追われて生きていると、この世を超えた世界に心を向けることができなくなって、本来の自己、心を見失っていくことになります。

そうならないためには、あの世に思いをはせる時間、天上界の心に自らの心を合わせていく時間を創り出す必要があります。そのための技術が、時間の使い方、「タイム・マネジメント」でもあるといえるのです。

タイム・マネジメントを行ううえで、さらに知っておいていただきたいことが三つあります。

◆毎日の目標設定をすること

一つ目は、一日の時間を無駄にしないで、流されない生き方、充実した生き方を実現するための秘訣です。それは、一日を始めるときに「今日一日の目標設定をする」ということなんですね。

一日を始めるときに、今日一日、何を達成したならば、自分を許すことができるか、あるいは、「よくやった」と自分で自分をほめることができるだろうか。こういう目標を、「to do list」をつけるように、具体的に書き出してみるんです。今日、自分の人生を前進させるために、絶対にこれは成し遂げたいと思うこと、できれば少し努力しないとできないもの、具体的にやや高めの目標をいくつか設定してみます。

すなわち、時間を無駄にしない〝強い決意〟から、毎日をスタートするということなんです。そうして、実際に書き出した一日の目標、課題を、完了するたびに赤ペンか何かで消し込んでいくんですね。これができた、これもできた、と確認しながら。

これをしていくと、今まで「できない」「無理だ」と思っていたことが、クリアできるようになってくるので、できることが増えていきます。その結果、人生に対する充実感とか、自信を形成していくことができるわけです。

ですから、毎日の目標設定は、「どうすれば自分は自信を持つことができるようになるんでしょうか」という問いに対する答えの一つでもあると思います。

その理由として二つ挙げられます。第一に、この目標を設定して、それを毎日できたかできなかったかを確認し、できた部分を確認していくこと自体が、自分にとっての「小さな成功体験」の積み重ねになっているからです。この「小さな成功」を体験し、積み重ねていくことが自信の源泉となるんです。

第二に、「今日一日頑張ろう」という具体的な目標を持つということは、結局今日一日の自分の理想像を描いていることにほかならないからなんです。

そして、自分の心のなかに、繰り返し、いつも理想像を描くということ自体が、その人の人生の成功につながっていくのです。

◆「心の力・心の法則」を信じ切ること

私は、幸福の科学の仏法真理を学んで、実践研究を重ねれば重ねるほど、本来人間というのは、心のなかでなりたいと思った「なりたい自分」になれるものである、ということを強く強く感じるんです。それは、心の力、心の法則によるものです。そして、この心の力というのは本当に現実的な力を持っていて、人生を切り拓いていくための実際的な武器なんです。抽象的なものではないのです。これが、二つ目に知っておいていただきたいことです。

「自分はこうなりたい」という気持ちが、もし自分の心の奥底から、本心から出ている願いであったならば、何年か、何十年か、その願いをあきらめなければ、その願いに向かって歩んでいくことやめなければ、そして、その思いが実現するんだと心の底から信じ切ることができたならば、その願っていることは必ず実現するんです。なりたい自分になれるんです。

では、どうすれば思いを実現する力が発揮できるのでしょうか。

それにはまず、自分の心のなかに、素晴らしい理想像、将来素晴らしくなっていける理想像というものがあるんだということを信じ切ることが大事です。信じ切ったならば、心の内からその理想が、湧き上がってくるようになります。

なぜ湧き上がってくるのか。

それは、人間は本来「自分はこういうように素晴らしい人生を生きたいんだ」という理想像を心のなかに持っているからなんですね。これを「内部理想」といいます。いい換えれば「仏性」があるということでもあります。

アメリカという国は、ご存じの通り、二十世紀に空前の繁栄を実現して、世界のスーパー・パワー、超大国となり、世界をリードしてきました。その発展・繁栄のもとには、エマソンという思想家の影響が大きいといわれています。エマソンは、具体的な事業をなしたわけではありませんが、その思想によって「アメリカ精神」そのものをつくったといわれます。彼の思想は、「ニュー・ソート」と呼ばれる光明思想で、徹底した「自己信頼」、つまり、自分の内なる光をみつめ信じるというものです。

この人の思想の影響を受け、その後、数多くの成功者がアメリカで登場しています。上智大学名誉教授の渡部昇一先生は、「『アメリカで成功した人の中で、エマソンに感化されなかった人はただのひとりもいない』と断言していい」(※)と述べています。エマソンはその代表作である「自己信頼」のなかで、このようにいっています。

※渡部昇一著、『エマソン 運命を味方にする人生論』、二〇一三年、致知出版、p.214

内部から閃いて自らの精神を照らし出す光に目をとめ、注視しなければならない。

おそらく多くの方は、内部から湧き上がってくる内なる閃き、内なる光を注視していないのではないでしょうか。「こういう風になりたいな」という思いを、「いやそれは無理だよ」と瞬間的に打ち消していると思うんです。「あー無理だよ」という自分がいるはずなんですね。つまり、心の力によって「無理だ」という〝できない自分〟を実現しているのです。

だから、この理想像が湧き上がってきたならば、それを心のなかで打ち消さないことです。

打ち消さないで、育てなければいけないんです。

育てるためには、それを肯定する気持ちを持つこと、理想像を繰り返し心のなかに描いていくことなんですね。繰り返し描いていく。

その一番簡単な方法は、浮かんできた願いを紙に書いてみることです。私はこうなりたいんだということを、「そんな馬鹿な」と思ったとしても書いてください。

それを書いて、毎日毎日、みてください。

これが繰り返し、心にいい聞かせるということであり、その理想像を〝育てる〟という実践方法の一つなんですね。そうすると、不思議なんですけども、書いたことは一つひとつ、本当に実現していくんです。

普通は、自分の理想像は目にみえないものですから、心底信じ切るところまでいかないいんですよ。しかし、それを信じ切って、描き続けたならば、本当にできることがたくさん出てくるんです。

◆自助努力の精神

こうしたことは、この世の論理のなかだけで生きていたら決して実現しません。「心の力」を発揮し、思いを現実の世界に実現していくには、やはり、目にみえるものを中心に発想する唯物的発想から抜け出し、目にみえない力を信じることが必要です。

では、この肉体の目にはみえない心の力を信じ、思いを実現するために必要なこととは何か。

私は「勇気」だと思います。

この勇気とは何であるか。

それは、目の前の現実に負けないで、「思いは実現する」という心の法則を信じること、すなわち、大川総裁の説かれる仏法真理を実践することによって、自分も世界も素晴らしい未来が実現するのだ、という「未来への希望」を信じ切ることではないでしょうか。

結局、こういう理想像を持って生きるということ自体が、時間の無駄をなくして、使える時間を増やしていくことなんです。よき思いを描き続ければ、素晴らしい未来ができますし、それを信じ切れたならば、「努力していこう」「頑張っていこう」と、努力を続けていく原動力になっていくはずであります。この原動力のことを、自助努力の精神といっているわけなんですね。

そして、この自助努力の精神こそが、HSU創立者・大川隆法総裁の精神でもあります。そして、皆さんがそういう人となることが、言葉を換えていえば、「現代の偉人」となることが、HSU生の皆さんにとっての夢であり、希望であるべきなんですね。

大川総裁は、努力の大切さを、このように訴えかけています。

努力の意味について、さまざまなことを述べてきましたが、「最後に、これだけは言っておきたい」と思うことがあります。

それは、「騙されたと思って努力してみなさい」ということです。

特に、子供や若い人たちに対して、「騙されたと思って私の言うとおりにやってみなさい」と言いたいのです。

「いまを楽しまなければ損だ」と言う人は数多くいるでしょう。「二十年後、三十年後、あるいは、死ぬときのために努力するなんて、ばかばかしい。まして、死んだあとのために努力するなど、ばかばかしい」と思う人が大多数です。

そして、何十年か先のため、老後のため、あるいは、死んだあとのために努力する人は少数です。しかし、少数であるからこそ、そういう生き方をした人は、リーダーになることが可能なのです。

数が少ないからこそ、そちらの生き方に賭けると、勝ったときのプラスは、ほんとうに大きなものになります。

私の言っていることの正しさが、あとになるほど明らかになってくるでしょう。

あとから取り返すことはできないので、「騙された」と思って努力してみてほしいのです。

人生にとって努力は非常に大事なものです。

運命はあるとしても、それとは別に、やはり、自分でやっていかなければならない部分があります。

「自分自身による創意工夫や発見」「自分を律していく心」「自分を強く、たくましく、勇ましく、育てていく心」、こういうものが、大きな成果を生み、みなさんが、来世で、あの世に還っていくときに、大きな光の塊となるための肥やしになるのです。

どうか、それを信じて、努力していただきたいと思います。(※)

この「セルフ・ヘルプの精神」「自助努力の精神」とは、「縁起の法」です。原因に応じた結果が現れる、という仏教思想の中核の考え方です。その人の努力に応じた結果が現れてくる、という仏の心、大宇宙の法則です。

今回、「時間論」から人生の成功の秘訣というテーマでお話をしましたけれども、

※『青春の原点』pp.233–235

結局、その核心にあるものは、仏法真理を信じ、努力する生き方にすべてを賭けよ、縁起の理法に沿って生きよ、という「自助努力の精神」にあるのだ、ということ、これを本授業の結論とさせていただきたいと思います。皆さんのご参考になれば幸いです。ありがとうございました。

HAPPY SCIENCE UNIVERSITY

（くろかわ・はくうん）

1966年生まれ。兵庫県出身。1989年早稲田大学政治経済学部政治学科卒業。同年東京都庁入庁。1991年より幸福の科学に奉職。指導局長、活動推進局長、人事局長などを歴任。2014年、東洋大学大学院経済学研究科修了。現在、ハッピー・サイエンス・ユニバーシティ バイス・プリンシパル 兼 人間幸福学部ディーン。幸福の科学本部講師。おもな編著書に『知的幸福整理学』『比較幸福学の基本論点』『人間とは何か』（幸福の科学出版）『HSUテキスト5 幸福学概論』（HSU出版会）などがある。

第2限 *an Introduction to Happiness Studies*

幸福学概論　黒川白雲

「幸福学概論」は、人間幸福学部の必修専門科目である。人間幸福学を学んでいくための導入として、１年次の前期に開講される。この科目は、ＨＳＵ建学の理念のうち「幸福の探究」をさまざまな角度から考えていく授業である。本講義録は、「幸福学概論」第４回「仕事における幸福論」の授業を少人数クラスで再現したものを掲載したものである。

1. なぜ、仕事をしなければならないのか?

◆何のために仕事をするのか

今回は、本科目十五回の講義のうち、「仕事の幸福論」に焦点を当てます。皆さんはそれぞれ、アルバイトやインターンシップなどで、いろいろなお仕事をされているのではないかと思います(※)。このなかにインターンにいったことがある方はいますか?

(数人挙手)

何か、学びはありましたか?

※ HSUでは、自己の適性や就職活動をみすえ、一年次よりインターンシップへの参加を勧めている。

学生A　事務の仕事だったのですが、スタッフの皆さんが、β《ベータ》波動（※）など、キツい雰囲気を出さないように心がけていらっしゃってすごいと思いました。でもやっぱり事務なので、難しかったです。

なるほど。自分の精神状態にまで気を配りながら仕事をするのは難しいですね。一つの精神修行といってもよいでしょう。

そうしたことに気を配っている企業は、素晴らしいですね。業務をしていても、お祈り・反省・瞑想をしているときのような静かな心境を維持していくことで、素晴らしい職場環境が形成されて、発展・繁栄していくのではないでしょうか。

皆さんは、すでに、いろいろな仕事を経験したことがあるかもしれませんが、まず、何のために仕事をするのかというところから考えていきたいと思います。何のために仕事をするか、ちょっと皆さんのご意見を、聞かせていただいてよろしいでしょうか。どうですか？

※人間の脳波にはα（アルファ）波とβ（ベータ）波があるといわれている。α波は凪いだ水面のような穏やかな状況のことで、β波はがちゃがちゃとした忙しい心の状態のときの脳波。

学生B　生きていくため。

うん、生きていくため。すばらしいですね。これは必ず出てくるものですね。ほかはどうでしょうか？

学生C　お金を稼ぐため。

そうですね。「生きていくため」につながるところもあると思いますけれども、非常に重要なところだと思います。はい、ほかにはどうでしょうか。

学生D　何か新しいものを創造するため。

あっ！　いいですね。

皆さんから、「生きていくため」「お金を稼ぐため」「新しいものを創造するため」という、貴重な意見をいただきました。仕事の本質とは何か。総裁先生からは、こういう風に教えていただいています。

◆人間には創造の喜びが与えられている

『仕事と愛』の二一ページにはこのように書かれています。

仕事そのものは、人間の本質に極めて近いところにあると考えられます。つまり、「仏が、自分と同じような創造の喜びを人間に与えようとして、仕事というものを与えたのだ」と考えてよいのです。

先ほど、「新しいものを創造するため」といってくれたけれど、まさしく総裁先生もそのことをおっしゃっています。もちろん、「生きていくため」「お金を稼ぐため」という前提はあるのですが、同時に、仕事そのものが喜びなのだといわれている。なぜ仕事が喜びなのか？　それは、創造の喜びがあるからなんですね。仕事には、地球や生命を創られた「創造主」と、同じ喜びがあるのです。

たとえば、私たちはＨＳＵという、今までまったくなかった新しい学校を共につくり、学んでいる。これも、創造の喜びですよね。

また、総裁先生は、**「仕事そのものが報酬」**（※）と教えてくださっています。これも大事な論点だと思います。

先ほどの話ともつながってきますが、アルバイトなどで稼いだお金も確かに報酬なんですけれども、実は、やっている仕事自体が報酬であり、幸福であるわけなんですね。

私自身も、こうして授業をやっていることは実はすごい幸福なんですよ。仕事自体が喜びであり、また、喜びのある仕事を選ぶ必要があるということでもあり

※『社長学入門』p.152

ます。だからこそ、**「仕事というものは、命をかけてやるべきものだ」**ということなのです。これはぜひ、心に刻んでいただきたいと思います。この論点は『仕事と愛』二六ページに書かれています。

◆仕事に感謝する

さらに、「仕事があることに対する感謝」ということも、考えてみたいと思います。『仕事と愛』十八ページにおいて総裁先生は、「**『もし仕事なき生活が待っていたならば、どうであろうか』と考えたとき、それは実に面白みのない世の中でもあろう**」とおっしゃっています。

私も、「なぜ人間は仕事をしなければならないんだろう?」と考えたことがありますが、もし、食べ物やお金が自由に手に入る世の中だったら、人間は働かなくなります。「仕事がなくて、家でゴロゴロしていられたら楽なのにな」って思う人もいると思うんですけれども、たぶん、それが楽に感じられるのは一週間ぐらいまででしょうね。それがずっと続くと本当に苦しい。魂がだんだん腐ってくるような気になると思います。

そういったときに、人間は魂の喜びを感じないんですね。堕落するんです。「世の中に対して何も貢献できていない。自分の存在価値がなくなってくる」。これは非常につらいことなのです。しかし世の中にはいろいろな仕事があります。このこと自体に感謝する必要があるんだということであります。

この部分を、大川紫央総裁補佐（※）の講話「就活必勝法」（※）より学ばせていただきたいと思います。

▶VTR再生

※ HSU創立者・大川隆法総裁夫人。

本多静六《ほんだせいろく》博士も、「努力即幸福」ということを述べておられますし、「まず努力の最初に来るのが、職業である」というように言われていています。「天命の仕事を持って、そこで大いに働いていくなかで、幸福を見つけ出す」という考えもされていますし、「『職業即人生』と言うこともできる」というようにもおっしゃっています。

これは、実際に働き始めると分かるのですけれども、確かに、「職業即人生」という面はそうとうあります。

本多静六博士は日本の「公園の父」とも呼ばれる林学博士で、「赤貧洗うが如し」という状態から一念発起して億万長者になった方でもあります。ここでは、その方の「努力即幸福」「職業即人生」という思想を引かれています。

「努力即幸福」「職業即人生」とはどういう意味でしょうか?

本多博士は、「金は大事だが、それ以上に大事なものがある。それは職業を道楽とすることである。自分の仕事を『天職』と信じ、努力に努力を続けるうちに、仕事に面白みが生まれ、立派な道楽になる」というようなことを説いています。

すなわち、本多博士のいう「努力」の最初にくるものが「仕事」で、「天命の仕事を持って働いていくことで、幸福を見つけ出すことができる」、つまり、「職業即人生」ということもできるということなのです。

では、「その天命の仕事を、どうすればみつけられるのか」ということが、今日の授業の中心になります。皆さんも、それぞれ悩んでいらっしゃるところだと思いますので、そこのところを深く考えていく授業にできればと思っています。

◆仕事そのものが修行である

また、「仕事即修行」ということがいえます。

総裁先生は、「ザ・リバティ」(※)二〇〇一年一月号の「人生の羅針盤」で、「四正

※ 幸福の科学出版から刊行されている、月刊のオピニオン誌。

道」の教えはそれぞれ、仕事においても実現していくべきものなんだということをおっしゃっています。四正道は大丈夫ですよね？　「愛・知・反省・発展」です。

まず、「仕事においても愛を与えなさい」という「愛の原理」の部分。

次に、「仕事をしていくうえでは知識や智慧が必要」という「知の原理」の部分。

さらに、「仕事で失敗したら反省する」という「反省の原理」の部分。

最後が、「仕事を通じて個人や会社を発展させていく」という「発展の原理」の部分。

このように、仕事には愛・知・反省・発展のそれぞれが入っているのです。これは、皆さんがこれから就職されたときに、ぜひ思い出していただきたいと思います。

結局のところ、仕事そのものが幸福であり、修行であるのだということです。授業の最初に、「仕事中も、お祈りや反省、瞑想をしているときのような心境を維持していくことが大事」という話を少ししましたが、一人ひとりが、仕事中であっても波動を乱さず、心を揺らさないで、天上界とつながっていくところまで、ぜひ、目指してほしいと思います。

この第一節では、「仕事即幸福」であり、「仕事即宗教修行」であることを学ばせていただきました。

◆心を揺らさずによい仕事をする方法

ここまでのところで、何か質問は？

学生E　β波動を出さないために実践されていることはありますか？

大きく分けると二つあるのですが、一つには仕事能力ですね。

こんな失敗をしたことがあります。あるとき、授業でパワーポイントを使っていたら、途中でフリーズしてしまったんですよ。どうですか、皆さん、心揺れませんか？　揺れますよね。

（会場笑）

そういうとき、仕事能力が低いと、「どうしよう」ってウロウロしちゃうんですよね。でも、そうしたことも想定して、紙で配布資料を配っておけば、すぐに切り替えて、配布資料を使って授業を進めることができるわけです。突発事態に、ぱっと切り替えて、判断して手を打つ仕事能力が必要なんですね。

知的な部分、仕事能力が高いと、心の余裕が生まれてくる。その余裕をつくらないといけないんです。そのためには、さまざまな事態を想定した事前準備とシミュレーションをして、段どりやセーフティーネットを考えること、それから、想定外の事態への臨機応変な対応が非常に重要になってくると思います。

もう一つは、普段の精神修行です。反省・瞑想・お祈りを習慣化していくことです。

総裁先生が、二〇一五年のＨＳＵ入学式のご法話「ニューフロンティアを目指して」で教えてくださいましたが、「**頭に心がある**」のではだめで、「**お腹のほうに下りて**」こないといけないのです。心が頭にあるとすぐにぶれますが、腹にあるとぶれないんです。反省・瞑想・祈りなどの宗教修行をしていると、心は腹に下りてくるんです。でも、日頃からずっと心が揺れていると、慣性の法則で揺れてしまいます。だから、静かで心が揺れない時間を毎日つくる。そうすると、突発事態でも、心が揺れない自分をすぐにとり戻すことができるようになるんです。

結論をいえば、日頃の反省・瞑想・祈りと、仕事能力の両方が必要ということですね。これは、いろいろな仕事で応用できると思います。

2. 天命に生きる幸福

◆人生の目的と使命

先ほど、「天命」という言葉が出てきましたが、天命の仕事、つまり「天職」について考えていきたいと思います。

経典『幸福の原点』のなかに「人生の目的と使命」について書かれています。

人間は、偶然にこの世に投げ出されることは絶対にありません。生まれてくるときには、必ず、「人生の目的と使命」というものを設定して出てくるのです。（中略）

人生には目的があるのです。一定の目的を持ち、一定の使命を帯びて、みなさんが地上に出てきているということは、百パーセントの真実なのです。

「人生の目的と使命」は、幸福の科学の基本的な教えでもありますね。人生の目的と使命、いえる人いますか？

学生F　目的は、魂修行。

そうだね。使命は?

学生F　地上ユートピア?

はい、その通りです(※)。合っています。これはすぐいえるようにしておいてください。「人生の使命、その実現のために職業はあるのだ」ということです。皆さんは一人ひとり、さまざまな使命を持って生まれてきています。宗教家、経営者、科学者、政治家、芸術家、いろいろありますが、その使命を実現するために職業があるのです。自らの天命を知り、使命を果たしてゆくということです。ドイツ語では、職業のことを「ベルーフ(Beruf)」、神の召命と呼びます。「召命」とは、神によって呼ばれて、使命が授けられることです。英語でいえば「コ

※『人生の王道を語る』p.156参照。

ーリング（Calling）」ですね。職業の本来の意味としては、「神の召命」であるんだということを覚えておいていただきたいと思います。

◆お金のみで幸福は得られない

「仕事と幸福」について、ポジティブ心理学の見地から研究されたものがあるので、少し紹介したいと思います。「ポジティブ心理学」とは、「幸福学」を構成している分野の一つで、一九九〇年代後半以降活発になった「第五の心理学」ともいわれる大きな流れです。それまでの心理学が「不幸の心理学」であったのに対して、「どうすれば幸福になれるか」に焦点を当てた、いわば「幸福の心理学」です。

昨年の頭（二〇一四年一月）に、ＮＨＫで放送されていた「幸福学白熱教室」というものがありますので、ご覧いただきたいと思います。

▶VTR再生

ロバート・エモンズはカリフォルニア大学デイビス校心理学の教授。

ポジティブ心理学の中心的な研究者の一人です。エモンズ博士は人生について次のように定義をしました。

有意義でエネルギーにあふれる人生には四つの要素がある。一つ目が仕事。二つ目が目先の利益を超えた理想。三つ目に高い目的意識。そして最後に社会とつながっているという実感。

エモンズ博士が人生において、最も重要視したのが仕事。そしてほかの三つも、多くの人の場合仕事に関係してくる要素。つまり、仕事こそが、人生を有意義に過ごすために欠かせないものとしたのです。

エモンズ博士：「幸せは、お金をたくさん稼ぐことだけでは得られない」

そんなことを示すデータがあります（図1）。

これは、お金と愛が、それぞれ人生の満足度と、どのようにかかわっているのかを示すグラフです。縦軸はお金や愛をどれだけ重要視しているのか、人生満足度は右にいけばいくほど高いことを示しています。

この研究は、お金に執着している人ほど幸福ではないということを示していますね。逆に、愛、人間関係を重視

■図1 お金と愛の重要度と人生満足度の関係

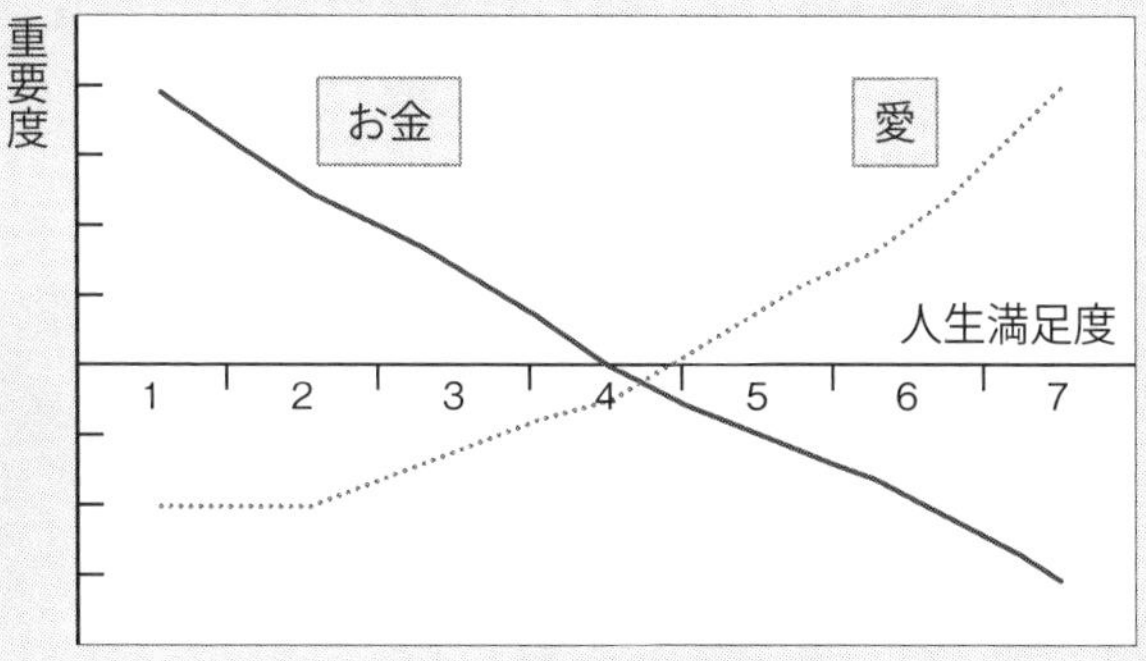

出所：「幸福学白熱教室」（NHK）参考

している人ほど、人生満足度が高いということを示しています。

仕事においても同じなんですね。仕事において、お金そのものが目的ではなくて愛、つまり他者への貢献、社会への貢献、国家への貢献、世界への貢献を目的とする比率が高いほど、仕事における幸福度や満足度が高まっていくのです。

これについて、「幸福学白熱教室」では、ある人を例に挙げていますので、その部分もみてみたいと思います。

▶VTR再生

（ドイツ人のアンディ・ウィマーさんは、以前は野心的な銀行マンで、羽振りのよい生活をしていた。しかし、その暮らしのなかに一種のむなしさを感じていた彼は、現在、インドのコルカタで奉仕活動をしている。現在の自分について、活動を始めた頃のショックや衝撃と共にこう語る。）

ウィマー「いま、幸せだと思います。たまには機嫌が悪くなることもありますが、本当の幸せとは心の奥深くから、湧き出てくるものではないでしょうか。それは、何と言ったらよいのか、無上の喜びから生まれるんです。特に私たちは、毎日、神に奉仕していますからね。ここで働くことは、無上の喜びなんです。助けを必要としている人に奉仕する。それで、人生が幸せで満たされるんです。完璧な人生でしょ」

人に与えることは、すべてを手放すだけの価値がある。それを幸福と感じる人がいるのもまた事実です。

ウィマーさんは、銀行マンのエリートだったのに、すべて捨てて、与える愛の生活をしている。そして、そのなかで幸福を感じているということですね。すべての人が選択できるものではありませんが、この人の人生をみて、どうでしたか？何か感想がありましたら教えてください。

学生G　神に奉仕することがすごい幸せって聞いたときに、何か、地上におけ
る天使ってこういう人をいうんじゃないかと思いました。すごく幸せそうな感
じがしました。

そうですね。見返りを求めるのではなく、奉仕するなかに幸福を感じることが
菩薩や天使の条件ですが、まさに「与える愛」の喜びが感じられます。ほかの方
はどうですか？

学生H　心の底から湧き出る幸福ってところで、普通の人はこの世的な、物質
とかに幸福を感じるかもしれないけど、心の底から湧き出る幸福が、本当の幸
福なんだと思いました。

本当にそうですね。私も、幸福の科学の職員になるとき、会員の皆さんからは

祝福していただいたのですが、前職の職場の方や友人からはかなり反対や心配をされました。神に尽くす喜びこそが本当の喜びであるということが、どうしても理解してもらえない。世の中とのギャップはありました。しかし、自分の天命に生きることこそ、最高の幸福であるということは、それを実践した人にしかわからない喜びであろうと思います。

◆「ジョブ」「キャリア」「コーリング」

「幸福学」の研究では、仕事がジョブ、キャリア、コーリングの三種類に分類されています。

「ジョブはお金と仕事のための仕事」
「キャリアは地位と名誉のための仕事」
「コーリングは目的と意義のための仕事」

といわれています。要するに、それぞれ、「お金儲け」「自分のキャリアアップ」「社会への貢献のための仕事」という位置づけです。

この仕事観と幸福度の相関について、心理学者のエイミー・ルゼスニュースキー教授の研究があります。それによると、仕事を「ジョブ」だと思い、単にお金儲けのためだけに働いている人は、モチベーションも幸福度も低いんですね。この人たちは、見張っていないと手を抜いたりします。

「キャリア」だと思っている人は、モ

■図2　仕事観と幸福度

	仕事観	モチベーション	幸福度
ジョブ（Job）	「生きるための労働」「お金を得るための労働」	低い	低い
キャリア（Career）	「昇進の道具」「地位や名誉を得るための道具」	目標達成には熱心だが、達成すると下がる	↕
コーリング（Calling）	「社会への貢献」	高い	高い

出所：Amy Wrzesniewski (2003)'Finding Positive Meaning in Work'を参考に作成。

チベーションは高いけれども、仕事を出世とかの道具だと思っているため、目的を達成したらモチベーションが下がります。

モチベーションも幸福度も、一番高いのは仕事を「コーリング」と思っているグループです。社会貢献のため、世の中のためと思って働いていると、仕事のモチベーションや幸福度は、ものすごく高くなるのです。

世の中のため、神仏のために仕事をしているんだと思うことが、大きなモチベーション、幸福感になっている。こうしたところが、天職、天命の大きな効果だと思います。

仕事に対する幸福度が高いと、生産性も高くなるという研究もあります。カリフォルニア大学で教鞭をとる、心理学者のソーニャ・リュボミルスキー教授の研究では、幸福度の高い社員の生産性は平均で三一%、売り上げは三七%、創造性は三倍も高いという結果が出ているそうです。仕事の幸福度が高ければ、仕事のパフォーマンスも高くなるわけです。多くの人が「成功するから幸福になれる」と信じていますが、実は「仕事で幸福を感じているからこそ成功する」というのが「幸福学」における発見の一つです。

3．天命を見極める三つのポイント

◆自分を徹底的に分析する

「『仕事に命をかけるためには、どうしても必要な前提がある』ということです。**それは自分の天命を見極めることです**」と『仕事と愛』二六ページに書かれています。

天命の見極め方について、これから三点学ばせていただきたいと思います。

天命の見極め方の第一点目は自分を分析するというところです。これについて、まず、大川紫央総裁補佐の「就活必勝法」より学ばせていただきたいと思います。

▶VTR再生

まず一つ目には、「自己分析を徹底することの重要さ」という点を挙げておきたいと思います。「自分には、どういう強みがあって、どういう短所があるか」「どういう経験をして、そこから何を学び取ったか」「自分が本当にしたいことは何なのか」「自分の未来ビジョンは何か」というところを突き詰めて考え、自分の言葉で話せるようになっておかないと、おそらく就職活動を乗り切れないでしょう。

まず、重要なチェックポイントは自分の「長所と短所」です。自分で、自分自身は、何が得意で、何が苦手なのかを把握する必要があります。これは必ずしも具体的でなくても構いません。たとえば、「社交性が高いのが長所だ」とか、「論理的に考えるのは苦手だ」みたいな形で大丈夫です。

次に「今までどういう経験をしてきたのか」ということを考えてみてください。「学部で何を学んでいるか」「どんなサークルに所属しているか」「何か役職をやったことがあるか」。これらを考えてみると、自分の傾向や好みがわかってきます。

最後に「これからどういうことをしたいのか」について考えてみましょう。これは非常に重要で、「自分が本当にしたいと思うこと」「自分の魂が求めているもの」を知らないといけません。自分の魂に合っていない選択は苦しいので、ここをまちがえると大変です。これは、「最終的な自分の理想像」や、「自分の未来ビジョン」といい換えることもできます。

念のため、もう一度確認しておきますが、自己分析は、

①自分の長所

②自分の短所

③今までの経験
④自分の未来ビジョン

の四つについて探求していくことが大事です。

この点を踏まえて、この「『天職』発見シート」をやってみていただきたいと思います。枠内の例も参考にしつつ、時間は五分でやってみましょう。

（「『天職』発見シート」記入）（図3）

それでは、今のシートをもとに、法談（※）をしていただきたいと思います。お互いに相手の長所をいい合ってみれば、自分では気がついていない長所がみつかるかもしれません。こちらも五分ほど時間をとらせていただきたいと思います。

（五分間の法談）

※ 伝統仏教においては、仏法のあり方や信仰を説いた説法のことを指す。幸福の科学では、複数人で集まり、自分の考えたことや悟りについて語り合うことを指す。

■図3　「天職」発見シート

思慧	過去の経験	自己分析
自分の強みとは何か	ex. 文化祭で豊富なアイデアを出して、周りから感心された。	ex. 発想力、創造力が優れているので、それを生かす仕事がしたい。
自分の弱みとは何か	ex. 見知らぬ人と接するのが小さい頃から苦手だった。	ex. 積極的に知らない人に声をかけ、自己変革していく必要がある。
どういう経験をして、そこから何を学びとったか	ex. 部活で後輩の意見をとり入れて、強いチームワークを築くことができた。	ex. 自分には、チームワークでする仕事が向いている。
自分が本当にしたいことは何か	ex. 多くの人を笑顔にすることが一番幸せ。	ex. 直接、多くの人びとに接して、幸福にしていく仕事がしたい。
自分の未来ビジョンは何か	ex. 世界を駆け巡る仕事が夢だった。	ex. 海外で人びとを幸福にするビジネスに就きたい。

それでは、二人ほど、発表していただいてもよろしいでしょうか。

学生I　私は、こっちと決めたら突き進んでしまう傾向があります。ダンスも仏法真理の書籍を読むのも好きなのですが、最近は、もっと慎重に将来を考えて、どちらかに決めなきゃいけないと思って、悩んでいました。でも、法談で、ダンスと仏法真理の勉強のことを褒めてもらって、どちらかに絞らなくてもどちらの道にも、ユートピアを実現していく使命があるのかなと思えました。ありがとうございます。

（拍手）ありがとうございます。皆さまからいろいろな気づきをいただいて、天命のヒントがみえてきたようですね。では次の方、お願いします。

学生J　僕の強みは、興味がある分野への探求心が強いことで。法談のなかでは、いろいろなことにしっかりと意見がいえるところがあるといってもらえて、自分では気がついてなかったところで、うれしかったです。弱みはちょっと積極性に欠けるところだと思います。僕は日本が大好きで、今の、日本人が日本を壊している状況がすごく悔しいので、日本の誇りをとり戻したいという夢がありま す。でも、そういう人たちと戦っていくためには、やっぱり、積極性は必要だと思うので、頑張っていきたいと思います。

（拍手）素晴らしい。使命を果たすには勇気ある積極的な行動も大切です。積極性を身につけるチャンスはＨＳＵでもたくさんありますので、頑張っていただければと思います。

それでは、ここまでのまとめとして、「自己分析を徹底的にする」ということに関して、「『仕事と愛』講義」（※）より拝聴します。

※『経営入門』第一部第２章所収。

▶VTR再生

自分の天命を見極めることは、仕事に命をかける方法であると同時に、自己の悟りでもあります。（中略）

すなわち「自分自身を知れ。仕事の世界にいは他の人が存在する。そのなかで、自分の果たすべき仕事、役割は、どのようなものであるか。天命を自分自身で知れ」ということです。

自分の天命を見極めるのは、極めて厳しいことであり、つらいことでもあります。ある意味では、自分自身の力量や能力、才能、持って生まれた運などを、第三者の目で見抜かなければいけないのです。（中略）

自分自身の器をよく見極めなければいけないのです。

本当の喜びとは、すべての人が同じ職業に就くことでもなければ、すべての人が同じ立場に就くことでもありません。それぞれの人間が、持って生まれた天命を生かし切ってこそ、本当の喜びがあるのです。

金槌《かなづち》には金槌の喜びがあります。金槌に「鉋《かんな》の役割をしなさい」と言っても無理です。金槌は釘を打ち込んでいくことに、やはり喜びがあるのです。

したがって、「自分の本来の喜びは、どこから得られるのか」ということを、よく知る必要があります。（中略）

人にはそれぞれの天命があるので、それに忠実に生きていくことが最高の自己発揮になります。天命とは全然違うところで努力をしても、やはり成功はしないものです。

このように、「天命に沿ってこそ、本当の意味での成功を実現していける」ということをよく知ることが、仕事に命をかけるための第一の方法なのです。


こちらでは仕事を通じた自己の探究ということが、述べられていますが、それは、自分自身やその能力、使命を見極めて、最大限発揮していくということでもあります。

金槌や鉋のたとえがありましたが、『仏陀再誕』の一七八ページにも、「**人は、その器相応に使われてこそ、はじめて喜びを得るのだという事実を知らなければならない。鋸《のこぎり》には鋸の幸福がある。鉋には鉋の幸福がある。鑿《のみ》には鑿の幸福がある。それを忘れてはならない**」と書かれています。

自分の分を知るということも大事なのかなと思います。たとえば、リーダー役は苦手だけど、アイデアを出したり、きめ細かいサポートをしたりするなど、補佐役が得意な人もいます。自分の能力と分を知って、その場に身を置くことが、自分を輝かせることにもなるし、組織への貢献にもなるでしょう。

この自己分析の部分は、「幸福学」でもいわれていて、タル・ベン・シャハー博士の『HAPPIER』(※)では、「MPSプロセス」というものが提唱されています。「自分はどういうところに意義(Meaning)を感じるか」「喜び(Pleasure)を感じるか」「自分は何が得意(Strength)なのか」という三つの自問をすることで、

※タル・ベン・シャハー著、坂本貢一訳、『HAPPIER』、二〇〇七年、幸福の科学出版

正しい仕事、天命を見つけ出そうとする試みです。

自分自身の分析を徹底することで、天命を見つけていく。これが第一の方法です。

◆他者や社会への貢献から考える

天命の見極め方の第二の方法は、その仕事が他者や社会、国家に貢献するものであるかを考えることです。天命というのは、自分自身の幸福だけでなく、他者への貢献もなくてはならないからです。『仏陀再誕』の一七一ページには「真の正《しょう》業《ごう》とは、あなたの栄えるということが、まわりの人をも富ませ、まわりの人を富ませることが、国全体を富ませることとなり、多くの幸せを呼び込むことにある」とあります。

「真の正業」という言葉が出てきますけれども、これは正しい仕事、つまり天命といい換えることもできると思います。皆さんにとって、正しき仕事とは、利他的な部分を多く含むものでなくてはならないのです。

つまり、「多くの人を幸福にできる仕事であるか。自分の能力を使って、多くの人びとを幸せにできるか。自分の能力を使って社会を幸福にする仕事であるかどうか」という観点が大事になってきます。

映画「永遠の法」(※)には天使たちの世界を描いた場面があります。

▶VTR再生

(あの世に着いた主人公は、日本の繁栄を築いた企業家たちが、そこで天使として働いていることに気がつく。驚いている彼にエジソンの霊はこう語る。)

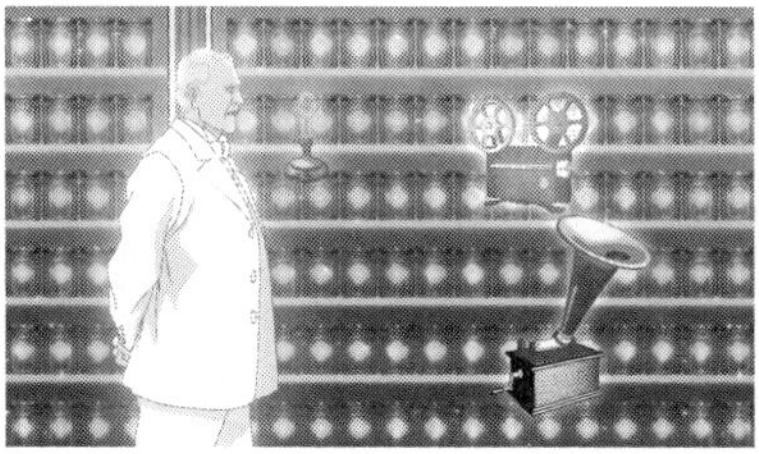

※ 大川隆法総裁が製作総指揮を務めた映画。二〇〇六年公開。

エジソン「人は生まれ変わって、その都度仕事をするのだが、だいたい似たようなことをやることが多い。（中略）科学の本質とは何かという話だ。それは、利便性だと思っている。文明を進歩、発展させる力。それによって、人々は新たな経験を積むことができる。新たな経験を通じて得られる喜びの中にこそ、魂の成長がある。人が地上に生まれる目的もそこにあると思うのだがね」。

このシーンでは、自分の能力を生かして人びとの成長に資する仕事の大切さが描かれていたと思います。

また、『黄金の法』には、こう説かれています。

高級霊たちは、さまざまな方面で、職業を持って、肉体修行に励んでいるのです。ですから、各人が、それぞれの職業のなかで、最先端をきわめて、

しかも、世の人々に役立つ生き方をすることは、仏の御心に適した、また真理の実践活動でもあるのです。

最先端の発明によって、世の人びとを幸福にし、豊かにし、その生活を便利なものにしていく。こうしたことも、真理の実践活動なのです。もちろん、経営者や政治家やジャーナリストなど、ほかの仕事のなかにも、真理の実践活動はあります。

第二節のはじめに「人生の使命はユートピア建設で、それを実現するために仕事がある」という話をしたと思いますが、ユートピア創りにおいては、まず、自分の足元から見直していくことです。自分の今の立場から、他人のためにできることを考えていくところから始まるんですね。

就職して、新入社員の頃は、コピーとりや雑用などをすることが多いと思いますが、そうしたなかでもそのときの自分の立場や職場において、自分のできる範囲から、ほかの人の幸福を考えユートピアを創っていく必要があるんです。

　このような、世の中に貢献しようと思う心が「奉仕の心」「公の心」です。「**自分の仕事は社会全体と密接につながっている。自分がよい仕事をすることが世の中をよくしていくことになるのだ**」(※)という意識転換が必要なのです。

　学生のうちはまだ、「私人」としての意識が強いと思いますが、今のうちから自分がよい仕事をすることが世の中をよくしていくんだ、と常に考える公《おおやけ》の心を持ち、「公人」へ転換していく必要があります。「私《わたくし》のために公があるのではなく、公のために私がある」。この観点が重要です。

　先日（二〇一五年九月十九日）の総裁先生のご法話「奇跡を呼ぶ心」の「質疑応答」でも、「公人として、公の活動をしていると、奇跡を受ける器が大きくなり、奇跡を起こす力が出てくる」ということをお教えいただきました。公益性、公器性のあるところに天上界の支援があり、天上界の支援があるところにパワーが集まって奇跡が起こるんですね。

※『繁栄の法』p.168

そういう意味でも仕事における公器性は非常に重要であるといえます。ここまで第二の方法を学ばせていただきました。

◆命をかけられる仕事であるか

天命の見極め方の第三の方法は、「命をかけられる仕事であるか」ということです。今日の授業のはじめのほうでも少し触れましたが、天命とは命をかけられる仕事なんですね。まさに、吉田松陰先生の「身はたとひ　武蔵《むさし》の野辺《のべ》に　朽《く》ちぬとも　留置《とどめおか》まし　大和魂《やまとだましい》」という辞世の句が示すように、「人には命をかけてでもなすべき仕事がある」ということです。『仕事と愛』の二九ページに説かれていますが、これが天命なのだ、天職なのだと信じることができれば、命をかける仕事がそこには表れてくるのです。

命をかけるには仕事への強い熱意を持つ必要もあります。

「『仕事と愛』講義」(※)より学ばせていただきます。

▶VTR再生

熱意が最も大事です。熱意の前には、頭の良さや体力の強さといった少々の違いは、それほど大した問題ではないのです。

第三は「感謝する心」を挙げています。これも大事です。

熱意の根源は、信仰心であるからです。別の言葉でいえば、崇高なるものに感謝する心と言ってよいでしょう。これが熱意の発信源です。

いくら「熱意を出せ」と言われても、肉体人間である自分自身のことだけを考えていると、それほど大きなものは出てきません。(中略)

自分が成功していったならば、「これは自分自身の能力によるのではない。これは運によるのだ」と思って謙虚に受け止め、ますます天命に生きていこ

※『経営入門』第一部第2章所収。

うとすることが大切です。

熱意には、知力や、体力すらもカバーできる力があるんですね。熱意のない人は、どんなに仕事ができても、その仕事の成果には限界があります。熱意はどこからくるのかというと、信仰心からくると教えていただいています。「本当に神仏の心を実現していこう。世の中を救っていこう」という強い信仰心、念《おも》いがあるからこそ熱意が生まれてきて、その熱意によって、仕事や救世事業が進んでいく。このポイントはものすごく重要であります。

だからこそ、命をかける仕事を求める必要があるということですね。

『伝道論』では、「**自分の現在の仕事に満足していない人は、『主よ、高級諸霊よ、わが魂の兄弟たちよ、どうか、われに命をかける仕事を与えたまえ。わが精神力を鍛えるための素晴らしい仕事を与えたまえ』と祈ればよい**」と述べられています。

ここまでで、天命を見極めるための三つのポイント、「自らを徹底的に分析する」「社会や世界に尽くす仕事である」「命をかけられる仕事である」を学ばせていただきました。

4. 仕事を天命に変える

◆現在の職業を天命に変える方法

天命、天職を考えるうえで、もう一つ重要な観点があります。それは、仕事を天命に変えるということです。

現在の仕事が天命だと思えなかったとしても、天命に変えることもできるんですね。「幸福学」の分野では「ジョブ・クラフティング」といわれています。これは、「社会的交流の質・量を修正する」「仕事の意義を広げる」「仕事の内容に手を加えてみる」の三つを使って仕事を天命に変えていく方法です。

ミシガン大学のジューン・ダットン教授らが、病院の清掃員の意識調査をした結果、すごく意欲を感じ、天命だと思っている人と、そう思っていない人に、はっきりと分かれたそうです。

ＨＳＵも、管理面で協力いただいている業者の方々がおられますが、皆さん、ものすごく一生懸命やってくださり、積極的に私たちと交流してくださる方もいますよね。これは、ジョブ・クラフティングの一つ目「社会的交流の質・量を修正する」という部分で工夫をされているということになります。

ミシガン大学のアンケート調査に参加された病院の掃除夫の方々の例でいえば、単に掃除をしていると考えるのではなく、衛生的な空間に保つことによって、患者さんの快復に貢献していると考えることによって、二つ目の「仕事の意義を広げる」ことができます。

また、三つ目の「仕事の内容に手を加えてみる」についてですが、たとえば、ここの黒板はいつもきれいですよね。私たちは黒板消しで消していますけれども、プロの方は、棒にちょっと濡らしたタオルを巻いて、一気にふくんです。そうすると跡が残らず、本当にきれいな黒板になるんです。そういうふうに、お一人おひとりが工夫されているんですね。

そういうところに、仕事の喜び、創造の喜びが入ってくるのです。

◆仕事（ワーク）と労働（レイバー）

なかでも、仕事の意義は重要になってくると思います。よく、「仕事（ワーク）」と「労働（レイバー）」といういい方をします。単に生きていくため、お金儲けのための仕事は「レイバー」。そうではなくて、仕事のなかに付加価値、創造性、生産性が入っているものが「ワーク」です。

有名なドラッカーの『マネジメント』には「三人の石工」の話が出てきます。

三人の石工に、何をしているのかをたずねたら、一人目は「暮らしを立てている」と、二人目は「石切りの最高の仕事をしている」と、三人目は「教会を建てている」と答えたというものです。

この一人目の仕事は、お金を稼ぐための仕事なので、レイバーです。二人目は最高の仕事を目指している点、付加価値の創造が入っていますが、「何のための仕事か」という視点が抜けています。

三人目だけが、自分がレンガを積むことが、聖なる空間をつくり、多くの人びとの心が満たされる場になると考え、仕事をしています。これがワークです。レンガを積むという同じ作業でも、この三人の仕事は、レベルも幸福度もまったく違うのです。この一人目や二人目の石工から、三人目の石工になることが、ジョブクラフティングなのです。

また、『成功の法』の一五一ページにはこうあります。

「どのような持ち場で仕事をしていたとしても、どのような職業であったとしても、どのような職場であったとしても、あなたの肩書が何であったとしても、『精神的な遺産を遺そう』という気持ちを忘れてはならない」ということです。

今後、どのような仕事に就いたとしても、そのなかに精神的な遺産を遺していくという気持ちを忘れないようにしていただきたいと思います。

◆ＨＳＵ生の使命

最後に、まとめとして、ＨＳＵ生である皆さんの使命についてみてみたいと思います。

一九九一年三月七日宗教法人立宗記念式典の総裁先生のご法話より、私たちのなすべき仕事を学ばせていただきましょう。

▶VTR再生

我らが使命は、高邁《こうまい》にして、広大無辺であります。そして、それは過去・現在・未来を貫いて、永遠に人類を照らし続けるものであるのです。みなさまがたも、さすれば、これ以上に尊い仕事などないわけであります。

地上に生活をしている人間として、さまざまな悩みもありましょう。生活のことも、家族のことも、親類のことも、友人のことも心配になることもあるでしょう。しかし、今、みなさまがたが従事している仕事は、これが最高の仕事であるということだけは、どうか忘れないでいただきたいのです。

その理想が、本物であるときに、あらゆる苦しみは乗り越えることは可能であります。

仏法真理を広げていくことに貢献する仕事こそ、最高の仕事であり、最高の天命の実現です。これはどんな職業に就かれてもいえることだと思います。

今日は皆さんと共に、「仕事と幸福」をテーマとして、天命とは何かということを中心に学ばせていただきました。どうか、今日の授業を機縁として、自らの天命を考え続けていただければと思います。そして、皆さんが天職に就き、その仕事が最高の輝きを持つものとなることをお祈り申し上げております。

本日は以上となります。長時間、ご清聴ありがとうございました。

学生一同　ありがとうございました。（拍手）

（はらだ・なおひこ）

1958年生まれ。福岡県出身。九州大学大学院工学研究科電子工学専攻修士課程修了。工学修士。東芝医用機器技術研究所、超伝導センサ研究所を経て、1995年に幸福の科学に奉職。総本山・正心館では8年間にわたり経営者研修の講師として研究と教育にあたった。その後、副館長などを経て、現在、ハッピー・サイエンス・ユニバーシティ プロフェッサー。編著書に『HSUテキスト3 経営成功学入門』（共著、HSU出版会）のほか、『経営を成功に導く心の力』（幸福の科学出版）などがある。

HAPPY SCIENCE UNIVERSITY

第3限 *Introduction to The Successful Management Theory*

経営成功学入門　原田尚彦

経営成功学部1年次必修科目。経営成功学部のカリキュラムの全体像を示すガイダンス的な科目で、４名の教員によるオムニバス形式である。本講義録では「経営成功学」に関する授業（第２回～第７回）を担当する原田プロフェッサーによる講義を紹介する。

1. 経営成功学の特徴と意義

◆「成功する」という責任

この授業の最初にお伝えしたいのは、一般的な「経営学」とHSUで探究する「経営成功学」の違いです。

一体、経営成功学とはいかなる特徴を持ち、どのような学問として期待されているのでしょうか。

経営成功学では、「経営は成功させねばならない」という価値判断が入っています。これは一見、当たり前のように思えますね。そもそも企業は健全に機能しつつ発展するゴーイングコンサーン（going concern）である必要があります。そして、経営が失敗したら倒産、解散してこの世から消滅してしまいます。継続的に事業が行われてはじめて、「経営している」といえるのです。

けれども、現在の経営学の研究者や研究機関においては、企業の成功や失敗に積極的にかかわり、責任を持って探究するという姿勢があるとはいい切れません。

経営現象を観察、分析し、そこに顕れる経営資源や組織の働きなどを、定量的あるいは定性的に説明しようとする研究は数多くあります。しかしながら、明確に、「経営は成功すべきである」という価値判断に基づいた、「どうしたら成功できるか」「どうしたら未然に失敗を防ぐことができるか」についての研究は、十分になされてはいないのではないでしょうか。

それに対して経営成功学は、「どうすれば経営は成功できるのか」を考えます。そのために必要な考え方やスキルをできる限り普遍化し、その成果を社会に還元することを目指しています。

なぜ「経営の結果に責任を持つ」という価値判断を打ち出すのでしょうか。それは、私たちには「〝現代的救い〟の一環として、経済的な課題を解決する」という命題があるからです。

もちろん、幸福とは精神的な価値を前提としたものですから、必ずしもお金さえあれば幸せというわけではないでしょう。しかし、豊かになることで消えていく不幸も少なからずあるのです。現代の経済社会において、深刻な不況に陥ったり、借金の返済に追われたりしているような状況では、心の平安や幸福はなかなか実現できるものではありません。

そこで、経営成功学では、多くの人が経済的に豊かになる社会を創造することをミッションとしています。

つまり、経営を個人や社会を幸福にする手段の一つであると考え、幸福学の一種として経営成功学を位置づけているのです。

経営者は、少なくとも従業員や家族の経済的安定を、さらには地域社会を豊かにするというミッションを実現したいものです。だからこそ、「経営は成功せねばならない」という価値判断を持つべきなのです。

松下幸之助が「商売は真剣勝負」と述べていたのも、こうした考え方が背景にあったからでしょう。会社を経営する以上、力量不足の甘い経営であってはなりません。企業本来の使命を果たすために、智慧を絞り、汗をかき、失敗からも学び、成長し続ける「常勝の経営」を志《こころざ》さねばなりません。

この講義を受講する皆さまには、このような真剣さを持って臨んでいただければと思います。

◆自も他も幸福にする成功を目指す

さて、経営成功学では、「成功」を企業や経営者の利益だけではなく、従業員やその家族、さらには顧客を含めた社会全体の幸福に貢献することと定義しています。

これを「私的幸福と公的幸福の一致」といいます。経営者にとって私的幸福とは、企業、経営者自身の幸福です。公的幸福とは、地域社会、市民、従業員、従業員の家族の幸福です。

企業が長く繁栄するためには、「善の循環」が必須です。つまり、企業の繁栄が地域や社会の繁栄をもたらし、地域や社会の繁栄がまた企業を繁栄させるという循環です。

最近では、経営学者のマイケル・E・ポーターも、「共通価値創造」という概念を提唱しています。これは、企業の利益と社会の利益が相反せず、相乗効果を持って共存共栄するビジネスのあり方です。

「与えるものは与えられる」というゴールデン・ルールがあるように、人の役に立つ企業は繁栄を手にすることができます。実際、百年単位で持続している企業をみると、その多くがこのような考えをもとに事業経営をしているといえます(※)。

さらに、経営成功学では、物質的な面だけではなく、精神的向上を提供するビ

※ 田久保善彦監修、『創業三〇〇年の長寿企業はなぜ栄え続けるのか』、二〇一四年、東洋経済新報社

ジネスのあり方についても社会に貢献したいと考えています。企業が社会に対して「不正をなさない」「迷惑をかけない」といった信用（ＣＳＲ）を守ることは当然ながら、より積極的に社会の幸福に貢献することが期待されます。顧客の精神性を堕落させる事業ではなく、向上させる事業が目にみえない高度な付加価値を生み出すのです。

『「経営成功学」とは何か』のあとがきには、こうあります。

まずは企業を黒字化し、社会貢献しようとする志を持つところから、経営者はスタートしなくてはなるまい。

経営成功学を学ぶにあたってはまず、「経営とは人と社会を幸福にすること」だと考えていただきたいと思います。

◆研究領域と方法

経営成功学で扱う研究領域の特徴についても述べておきたいと思います。

経営戦略やマーケティング、組織論、あるいは財務や会計といった、従来の経営学で扱う領域は、もちろん研究の対象に入ります。

ただ、それだけでなく、経営現象の奥にある「考え方」や「心」のあり方まで探究するところに大きな特徴があります。経営者や従業員がどのような「考え方」や「思い」を持って企業経営にとり組むのか。それが事業の成功や失敗とどのような因果関係を持つのか。そうした目にはみえない作用や機能に関しても探究していきます。

統計や数字などの客観的な情報も必要ですが、現実の経営においては、それだけでは説明のつかない事業の浮沈変転があります。同じような資産や資源、人材を擁していながら、なぜある会社は成功し、別の会社は倒産するのか。あるいは、なぜ時代の流れと共に沈んでいく企業と生き残る企業があるのか。その背景にみえてくるのが、経営者の根本的な思想や価値観、それを体現した組織風土といわれるものです。

経営学者のピーター・F・ドラッカーも「投入したものを超える価値を生み出すことは、人が関わる領域においてのみ可能である」(※)と指摘しているように、精神領域の探究、開拓が経営の成功には不可欠なのです。

たとえば、ある経営者がAという意志決定をしたのはなぜか。その奥にある「価値観」「価値判断」はいかなるものであったのか。その内心の意図や価値観を探究していくのです。

そのためにも、受講する皆さんは、自分の内面をみつめる習慣や、責任感を持って生きる習慣などを身につけてください。そうであってこそ、成功している経営者の内心がどのようなものであるかを感じとり、実感をもって学ぶことができるのです。

※ P・F・ドラッカー著、上田惇生訳、『現代の経営［上］』、二〇〇六年、ダイヤモンド社

2. 経営成功学の要諦

◆「世の中に必要なもの」であることを説得せよ

『HSUテキスト3　経営成功学入門』では、第2章で、経営成功の三つの要諦を挙げています。いずれも大川隆法総裁先生の『「経営成功学」とは何か』から抽出した重要論点です。一見、当たり前に思えるような論点ですが、意外にわかっていない経営者も多いと思われます。経営成功のための考え方として扇の要《かなめ》となる内容ですので、しっかりと押さえてください。

一番目は、自社の商品やサービスが「世の中に必要なものであることを説得する」ということです。

これは意外に忘れられがちな論点です。生産者サイドは、苦労して制作・開発した商品であればあるほど、顧客が飛びついて買ってくれるものだと考えてしまうからです。ところが、どんなに優れた性能を持った商品でも、さっぱり売れないか、売れたとしてもごく一部のユーザーでとまってしまうことがあります。

その理由として、①顧客が現状に満足している場合、②ユーザーの理解や習慣、既存システムと合致しない場合、③他社の類似品や代替品を選んでいる場合、などが考えられます。

たとえば、鉄道や自動車が発明された頃、多くの人びとは、馬車のほうが小回りも利くしコストも安いと考えていました。そのため、その後急速に広まることを想像できませんでした。

また、TV会議システム自体は技術的には以前から可能ですが、実際にはフェース・ツー・フェースで会議をしたほうが効果的だと考える人が今なお多く、爆発的なヒットには至っていません。

つまり、たとえ今までにない新しい製品やサービスを開発したとしても、消費者が理解し、納得しなければ売れることはないのです。

さらには、新しい製品が市場に出回るとき、最初に飛びつく層から大衆に広がるまでに、一定の時間がかかるといわれています。「イノベーター理論」では、新製品に対する消費者を、購入する早さの順で五つに分類しています。

最初に反応して購入する新し物好きの「イノベーター」、新製品に革新性を認めれば導入する「アーリー・アダプター」、他社の製品と比較検討して導入する「アーリー・マジョリティ」、製品が市場に出回ってから動き出す「レイト・マジョリティ」、最後まで新製品に興味を示さない「ラガード」の五つです。それぞれのグループから次のグループに移行するためには、新製品の価値を次のグループに説得すると共に、総合的な顧客の評判を高めねばなりません。

特にハイテク製品ではこの傾向が強く、「イノベーションの手段」として新製品を導入するイノベーター、アーリー・アダプターと、「生産性の向上や機能の向上」を目的とするアーリー・マジョリティとでは、新製品導入の目的が異なっているため、市場が広がるうえで一定の溝（キャズム）があるといわれます(※)。

※ジェフリー・ムーア著、川又政治訳、『キャズム』、二〇〇二年、翔泳社

つまり、革新的な商品やサービスであるほど、その商品が持つ魅力や必要性を説得しないと、大半の消費者は現状維持を選択してしまうのです。

たとえば、アップル社のiPhoneがそうです。今では、国内の五〇%がスマートフォンユーザーといわれますが、十%あたりまでは緩やかな増加を示していました。それまでの携帯電話になかった音楽再生機能やソフトの活用、通信手段としての価値が認められるまで時間がかかったのです。

やはり、なぜこの商品が顧客にとって必要なのかを十分に納得してもらうだけの説得力が不可欠です。その原点には、生産者自身が、その商品が「なくてはならないものである」根拠を考え抜き、その価値を心底納得する必要があるのです(当然、粗悪品や他社に劣る製品の場合、説得のモチベーションは湧いてきません)。

自社の製品・サービスの価値をどう高めるのか。そこに顧客に対する説得力の源泉があります。

さらに、説得の最終着地点は、顧客ロイヤリティの確保です。顧客が本当に価値を感じ、喜ぶ説得の仕方、商品の提供ができれば、繰り返し使ってくださるようになります。価値ある商品を提供し、本当に気に入ってもらえるような説得、販売ができれば、リピーターとなりファンとなってくれます。また、そうした顧客から口コミで広がることも期待できます(※)。

◆「成功者像」を描き、それに近づく

二番目のポイントは、「理想像を描く」ことです。
『未来の法』の序章には、次のような言葉が綴《つづ》られています。

「思い」が自分自身の性質を決め、自分自身の生活を決め、自分自身の行動を決めるのです。

※『女性が営業力・販売力をアップするには』参照。

人生は、自分が日頃持っている自己イメージに沿って展開していきます。

したがって、若いうちから「どういうタイプの経営者であれば、事業を成功できるか」という、「理想の経営者像」を描かなくてはなりません。

過去の大富豪、大経営者たちも、諸先輩の後ろ姿や読書を通して成功者の人物像を学んでいます。アンドリュー・カーネギーは、小学校しか出ていないにもかかわらず、〝惨めな少年労働者〟としてではなく、世の中に貢献できる成功者としての自己像を描いていますが、そのもとにあるのは読書の習慣でした。古今東西の名著を読み、教養を深め、また尊敬する上司のもとで仕事に励み、誰よりも熱心に技術を磨いていくなかで成功者のイメージをつくり上げています（※）。

石油王と呼ばれたジョン・D・ロックフェラーも、経理マンとして勤めていた十代の頃、雇い主から貰った事業家の伝記“The Life of Amos Lawrence”を読んで、ビジネスを成功させ慈善事業に生きた経営者の生涯を深く心に刻んでいます。のちの〝大慈善家ロックフェラー〟の原型を見出していたのでしょう（※）。

※アンドリュー・カーネギー著、坂西志保訳、『カーネギー自伝』、二〇〇二年、中公文庫

※"Early Experiences of a Young Business Man"1933 Paulus-Ullmann Printing Corporation

皆さんは、自分の未来像として、どのような「経営者像」を心に描くでしょうか。それを、ぜひ考えていただきたいのです。

成功する経営者像の必須の条件となるのが、健全な「金銭感覚」「採算感覚」です。浪費癖や、コストを考えないで何かを決める傾向はないでしょうか。

また、宗教的な人は「清貧の思想」にあこがれやすいものです。あるいは両親や家庭がお金で苦労したため、お金に対するマイナス感情や苦手意識を持つ場合もあります。逆に、家が裕福でお金に対して甘かったり、お金を持っていることに罪悪感を持つこともあります。

まずは、自分の心をみつめ、健全な金銭感覚や採算感覚を持っているかを点検してみてください。

□お金を嫌っていないか。
□お金に対する苦手意識はないか。

□お金は使えばなくなってしまうという、限界感はないか。
□無計画な浪費癖、消費癖はないか。
□なんとかなるだろうという、甘い考えはないか。

◆自分のワールドだけで物事を考えてはならない

三番目のポイントは、外部情報をきちんと収集し、活かす能力です。環境の変化が激しい現代社会では、外部情報をきちんと収集し、変化を読みとらなければあっという間に淘汰《とうた》されます。

人間は放っておくと、自分中心の「ものの見方」「考え方」に偏ってしまいます。経営者も成功するほどに、自分の流儀に固まってしまう傾向があります。

そうならないためにも、自社や自国をとりまく政治・経済状況、他社や業界の動向、別分野の情報など、広く関心を持ってみていかねばなりません。

こうした能力の形成は、学生のうちから身につけていきましょう。ウェブだけでなく、新聞や雑誌、書籍、あるいは人脈を通して新しい情報に関心を示していってください。

たとえば、以下の質問に答えてみてください。

先週知らなかったことで、今週知ったことはあるでしょうか? これから七つほどの項目を挙げますので、チェックしてみてください。

(1) あなたの専門領域に関する情報
(2) 将来進みたいと思っている分野・業界の情報
(3) 成功に関する情報(時間管理、経済管理、自己マネジメント)
(4) あなたの人生の価値を格段に高める情報
(5) 経営環境に影響を及ぼすような国内外の政治・経済の動向

（6）自分の関心を持っている業界で最近流行しているもの
（7）ほかの人にとっても価値ある情報

どうでしょうか。七つ全部チェックできた人はいるでしょうか？　次に、一つもチェックできなかったという人は？　では、だいたい三つか四つくらいはあてはまったという人は？（大勢の手が挙がる）

「三つ以上」という人がだいたい平均値のようですね。

情報を、漫然と調べるのではなく、目的性を持ってアンテナを張ると、必要なものがキャッチできるようになるでしょう。

情報から何かを判断したり、生み出そうとしたりする際には、「白紙の目」でみて、真実をつかもうとする姿勢が大切です。

経営者は、自分の経営手法や考えを後押しする情報を無意識に集めてしまいがちです。安売りが大事だと考える経営者は、安売りでうまくいったような情報ばかりを集めがちですし、高付加価値路線が大事だと考える経営者は、逆に値上げをして成功した情報ばかりを集めたりします。自分の望む方向で情報の取捨選択をしてしまうからです。偏った情報や歪《ゆが》んだ解釈は、経営判断に致命的なミスをもたらします。

常に、自分や自社の立ち位置を客観的にみつめる姿勢を持ってください。真実と自分の立ち位置の差を推しはかって、十分に考え抜くところに智慧が湧いてきます。

そのときに必要になるのが「反省の習慣」です。自分の物の見方や考え方に歪みがないかどうか、日々チェックすることが大事です。それができれば、集める情報の偏りもなくなってきますし、解釈も歪みのないものになります。

3. 付加価値創造のヒント

◆付加価値とは何か

付加価値を生んでこそ、企業ははじめて利益を手にすることができます。そこで、ここでは、最も大切な経営活動の一つとして、付加価値の創造について押さえていきます。

経済学では、付加価値とは商品の価格から原材料の費用を差し引いたものと定義されます。そのときに、経営現象として現れてくるのは何でしょうか?

消費者は何かを購買する際に、「お金を払ってでも手に入れたい」という感覚を抱いたり、価値判断をしたりしています。そのときに支払うお金は、何に対する対価であるかというと、「満足」ということができます。製品やサービスそのものに対する満足はもちろん、買ってよかったという満足感も含まれます。

その意味で、付加価値とは、顧客の商品やサービスに対する満足度の総合計といえます。

『常勝の法』二〇二ページでは、次のように説明されています。

製品と流通とサービスの三カ所で生み出される満足度の合計が、付加価値といわれるものなのです。

製品そのものはもちろん、販売員の対応、お店の雰囲気、支払いの便利さ、アフターサービスなど、製品と顧客の間で想定されるあらゆる場面の満足度の総合計が、付加価値といえます。

これらの総合計を全体として高めることができれば、付加価値は増大し、利益が上がっていきます。逆に、購買プロセスのなかで一カ所でも不満足な部分を感じたら顧客は去っていきます。

たとえば、レストランへディナーにいったとしましょう。おしゃれな内装で、ウェイターさんの対応も丁寧です。そこそこおいしい料理も出ました。ところが、最後の支払い時に、キャッシャーが同僚とぺちゃくちゃ話していて、少しもこちらの様子に気づかない、となると不愉快な気分になりますよね。それまでのよい気分が吹っ飛んで、先ほどまであった「もう一度きてみたい」という思いがスッと消えてしまいます。

競争が激しい現代の経営では、たった一場面での顧客の不満足感がリピーターを得る機会を失わせることにもなりかねません。それだけに、サービスの全プロセスで顧客満足を一定レベル以上得られるよう、細心の注意が必要となります。

◆感動を与えるための二つのポイント

逆に、サービスプロセスのなかで一カ所でも顧客に期待以上の満足、つまり〝感動〟を与えることができれば付加価値はぐっと増加したといえます。

特にモノ余りの現代では、商品やサービスを普通に提供しただけでは、あまりリピートされません。そこに感動という目にみえない価値がついてはじめて、差別化を生みます。感動はサプライズとして顧客の印象に残り、「また利用したい」という意識や、その企業に対するロイヤリティが芽生えます。

こうしたサプライズの源はどこにあるのでしょうか。ポイントを二つ挙げておきます。

一点目は、専門分野との「落差」「距離感」を持った分野の研究です。経営学の専門以外にも政治、法学、科学、医療、文化芸術など、自分が興味を持てる分野を二本目の井戸として勉強してみることです。学問分野の落差が大きいほど、異種結合による新価値の創造、サプライズを生み出すことができます。

たとえば、千葉県の亀田総合病院は、病院とは思えないレベルのサービスを提供していることで知られます。すべての病室がオーシャン・ビューで、病院食は十六種類から選べます。院内には、コンビニやカフェはもちろん、レストランやビユーティ・サロンまであります。病院でありながら、ホテル並みの居心地のよさを実現し、「もう一度入院したくなる病院」と評されています。県外からはもちろん、海外からも患者がくる盛況ぶりで、半分以上の病院が赤字で苦しむなか、黒字経営を実現しています。しかも、亀田総合病院がある千葉県鴨川市の人口は約三万六千人ですが、常勤のスタッフは三千人を超えているというから驚きます(※)。

ホテルという異なる分野の考え方をとり入れることで、病院としてはサプライズを生み出しているわけです。

二点目は、マインドの部分ですが、「人を楽しませよう」「喜ばせよう」「幸福にしよう」という「与える愛」の気持ちでとり組むことです。

卑近な例では、お客さまの誕生日にカードやギフト券を贈るなどのサービスは、顧客にとって特別感や重要感を与え、リピーターづくりのきっかけに有効な方法でしょう。しかし、それが見返りや顧客の関心を引くための手段であるのか、顧

※ 坂本光司著『日本でいちばん大切にしたい会社2』、二〇一〇年、あさ出版

客の人生を心から祝福してサービスを提供しているものかの違いは、たとえ形は同じであっても確実に相手に伝わります。

長野市に中央タクシーという、「しあわせを乗せる」タクシー会社を目指している企業があります。タクシー業界は中途採用が多く、サービスの質がなかなか向上しないといわれるなか、「タクシーの仕事は人の人生に触れる仕事」として、心を込めたサービスを展開しています。お客さまからは「私、乗ってしあわせを感じます」といわれ、「流し」営業はほぼなく、売り上げの九〇%が電話予約だそうです。こうして圧倒的な支持を受け、地元ではトップに躍り出ています。顧客の「満足」だけで留まらず、「幸福」を全社で追求する姿勢が評価されているのです(※)。

それでは、皆さんにも付加価値を考えるワークをしてもらいます。たとえば、皆さんが地方で靴の製造販売業を営んでいるとします。お客さまに本当に喜ばれる製品やサービスをどのように展開しますか？　五分ほど考えてみてください。

※ 坂本光司著、『日本でいちばん大切にしたい会社3』、二〇一一年、あさ出版

さあ、どうでしょうか。誰か発表をお願いします。それでは、最初に手が挙がったA君、お願いします。

学生A　お年寄りが履《は》きやすく、しゃがんだりしなくても履け、伸縮性があるもの。農作業にも使え、田舎道《いなかみち》でも歩きやすい軽い靴を考えました。

お年寄りをターゲットに工夫していますね。ほかにはどうでしょうか。女性のグループで考えていたBさん、どうでしょう。

学生B　はい、私たちは、頭で考えた色や模様に変化する靴を考えました。これは、ディスプレイに使われる素材を靴の表面に使用し、iPhoneでコーディネートしたデザインを受信するものです！

なかなかのアイデアですね！
ほかにはどうでしょう？

学生C　ファッション＆ビジネス用のオンリーワンシューズです。

具体的にはどうするんですか？

学生C　一人ひとりの足型に合わせます。採寸するときに、相手の歩き方も分析します。デザインも本人の希望をとり入れます。

かなりユーザーフレンドリーの発想です。コストが課題かもしれませんね。
はい、皆さんありがとうございました。いろいろなアイデアが出たと思います。
ここで、実際の企業を紹介します。

香川県に高齢者向けの靴を製造販売している徳武産業という企業があります。この会社では、高齢者特有の足の悩みである、左右の足のサイズや甲の高さの違いもオーダーで調整し、軽くて歩きやすい靴を提供しています。

あるとき、九〇歳のおばあちゃんからピンクの靴の注文を受け、納品したところ、歩けない人に靴を売りつけるとは何事だと施設の職員からクレームがきたそうです。なぜなら、そのおばあちゃんは三年間寝たきりで、歩くなんて考えられなかったからです。けれども、おばあちゃんはもう一度歩きたいという願いから、自分の意志で注文していました。そして半年後、再び、施設から連絡がありました。なんと、寝たきりだったおばあちゃんがその靴を履いて、しっかりと歩けるようになったということでした。製品に込められた真心は、ときに奇跡ともいえる現象を起こすのです(※)。

※ 坂本光司著、『日本でいちばん大切にしたい会社3』

4. 持続的発展のために

◆企業の成長段階とライフサイクル

次に事業を持続的に発展させるためのポイントを学びます。

どの会社も起業してから一本調子で成長するわけではありません。組織は成長段階に応じて固有の課題が出てきます。そして、比較的緩《ゆる》やかに成長する時期と、危機に見舞われる革命の時期を交互に繰り返すといわれています(※)。問題にぶつかったときに、見事にクリアできた組織だけが次の発展のステージに上がることができます。成長に合わせてどこまで脱皮できるかが、企業の成長の限度を決めるのです。

企業のライフサイクルは、創業期、成長期、安定期、成熟期を経て、やがて衰退期に入ります。

※ Larry E. Greiner, 'Evolution and revolution as organizations grow', "Harvard Bussiness Review", July-August 1972

創業期には新しいアイデアを生み出す創造性や新規性が重視されますが、リーダーシップが弱いと組織的な動きができず、個人事業で成長がとまってしまいます。それではどんなに優れた発想や技術があっても市井の発明家で終わってしまうのです。

成長期では組織としての指示や方向づけが明確であることが求められますが、組織員の自主性が欠如してくると、組織全体が停滞していきます。事業部制や権限移譲で分業化することで、各セクションが自主的かつ責任を持ってとり組むようになります。

成長に伴って組織変革を意図的に行い、組織を発展に導かなければなりません。その際には、必ず外科手術のような痛みを伴いますが、次の成長イメージを共有して乗り越えることが必要です。

事業内容にも、人間のように生老病死があります。あるときには流行っていたものもやがて衰退・消滅していきます。変化の激しい現代では、企業や事業のライフサイクルも短くなっています。企業が成長し続けられるかどうかは、衰退期に入る前にイノベーションをかけて、次の主力製品・サービスを開発し続けることができるかどうかにかかっています。

◆本質を忘れたイノベーションの罠《わな》

しかし、ただイノベーションをし続ければよいのかというと、そうでもありません。高機能な製品をどんどん世に送り出したとしても、いつの間にか消費者ニーズからはずれてしまい、顧客が去っていくという努力逆転の現象が起きることもあります。

たとえば、写真のフィルムで世界を制したコダックは、昔ながらの銀塩フィルムにこだわり続け、デジタルカメラについては、その画質の低さから侮《あなど》っていました。

しかし、ユーザーはデジタルカメラの手軽さや、すぐに画像を確認できる便利さなどに価値を見出していました。コダックはこれに気づかず、銀塩フィルムの開発に投資し続けた結果、倒産してしまいました。デジタル化の波に淘汰されてしまったのです。

いかに既存の枠のなかでイノベーションを試みても、消費者は実用の範囲に収まるもっと低いスペックの代替技術や製品、サービスに乗り換えてしまうこともあります。

これは、イノベーションのジレンマ（※）といわれる現象です。消費者のニーズに応えようと、既存の技術を革新し続けるうちに、まったく違う特色を持つ新興の技術や事業に敗れることがあるということです。

このように、高度な既存技術を破壊するような、新規の技術やシステムによる変革を「破壊的イノベーション」と呼びます。

たとえば、iPhone が日本に投入された二〇〇八年時点では、日本の携帯電話

※ クレイトン・クリステンセン著、伊豆原弓訳、『イノベーションのジレンマ』、翔泳社 二〇〇一年、

は高機能性を競い、おサイフ機能やワンセグテレビなど多機能を誇っていました。そのため、多くの携帯ユーザーもiPhoneは機能不足だと不満を抱いていました。

しかし、通話を主とするニーズとは別の機能を期待したユーザーが、まずiPhoneに手を出しました。音楽やインターネットを利用する人たちです。そのうち、スマホの機能不足を補完する技術も開発されたため、一般の携帯ユーザーもスマホに移行していきました。従来の高機能の携帯よりも、情報機器としての高度な端末機能を有するスマホを選択したのです(※)。

スマホを開発することができなかったメーカーは、自社中心の考え方、あるいは一部のヘビーユーザーの声にとらわれて、消費者のニーズの変化を見失いました。

したがって、常に顧客の立場に立ち続けることも成功するイノベーションの条件といえます。

※ 玉田俊平太著、『日本のイノベーションのジレンマ』、二〇一五年、翔泳社

◆リスクを乗り越える考え方

ほかにも経営にはさまざまなリスクが伴います。

たとえば、市場の変化や政治・法律の影響、他国の金融危機や為替《かわせ》の変動、海外での暴動やテロ事件など、思いもよらない原因が自社の危機を招くことがあります。

消費者の好みの変化や取引先の選定などであれば、自分から情報を追いかけて、予測や回避をすることも可能ですが、政策や税制の変更、外国の影響など、自社だけではどうにもならず、しかも避けることができないリスクも存在します。

しかし、そのようなリスクが襲ってきても、すぐにペタンとつぶれることがないように、備えをすることは可能です。

その方法の一つが「多角化」です。

事業を成功させるためには、持てる資源をコアとなる中心的な商品やサービスに集中させなければなりませんが、それだけではやがて取引先や顧客の動向の変化のあおりを食って倒産する危険があります。

たとえば、一社の取引先も依存しすぎるとリスクが大きいため、主力得意先を三社程度に分散することが大事です。

また、同じ商品で他社と市場を奪い合うのではなく、共通するコア技術を使ってまったく違う市場を対象とした製品やサービスを開発する、などの多角化も有効です。

小さな企業がいきなり新商品を開発するのは体力的に難しいですが、既存のノウハウを使って、多様なニーズに応えていくという方法があります。

たとえば、東海バネ工業は従業員百人足らずの中小企業ですが、たった一個の注文にも応えようという方針で、バネに関するあらゆる要望に応え続けました。その結果、個人宅の壊れたドアのバネからスカイツリーの制御装置用の巨大バネ、さらには小惑星探査機「はやぶさ」に使用するバネまで扱うようになりました。

厳しい競争のなかで最先端の技術を持つ企業として見事に生き残っているわけです(※)。

多角化はエネルギーを分散するため、一見、資源配分としては好ましくないように思えます。実際、企業の体力を超えて「あれもこれも」と手を出すと倒産の原因になります。

しかし、屏風《びょうぶ》のように複数の面を持つことで、外部環境の変化や得意先の変動に対応し、事業を安定的に継続することが可能となるため、乱気流時代にはある程度必要な考え方といえます(※)。

◆リスクを乗り越えるための三つの心構え

また、リスクを乗り越えるための心構えとして、次の三点も押さえておくべきです。

※ 坂本光司著、『日本でいちばん大切にしたい会社4』、二〇一三年、あさ出版

※『経営が成功する・・コツ』参照。

第一に「熱意」です。

成功するまであきらめない熱意、信念が出発点です。どんなに才能に恵まれても熱意がなければ、何も成果を生み出すことはできません。

熱意のもとは使命感です。経営理念にもかかわる部分ですが、「わが社は、何のためにあるのか」「存在理由とは何か」を考え続け、自分なりの答えを求め続けることです。

第二に、「やってのける力」をつけること。多少のリスクや逆風は乗り越えて、断行する意志の力や、最後まであきらめない、粘り強さが大切です。

第三に、「協力者づくり」。危機のとき、自社の能力や資源だけでは乗り越えられないことも多々あります。協力者を得るためには、常日頃から「与える側に徹する」「圧倒的な信用を得る」などを心がける必要があります。

◆「思いの力」が成功の鍵

以上、経営成功学について概略を述べてきました。簡単にまとめますと、

（1）経営成功学とは「経営に責任を持つ」という価値判断のもとに、どのようにすれば継続的に事業を発展しうるのか、その定石を探究するものです。

（2）経営成功学の三つの要諦として、①「世の中に必要なもの」であると説得すること、②「成功者像」を描き、それに近づこうとすること、③自分のワールドだけで物事を考えないことを挙げました。これらは、成功する経営者にとって基本中の基本となる考え方です。

（3）付加価値創造のヒントは、サプライズ、感動を与えることにあります。飽《ほう》和《わ》した市場においては、感動が新しい需要を生み出す鍵になってきます。

（4）事業の継続のために、発展に応じて現れるリスク、外部環境の変化によって引き起こされるリスクへの対処を迫られます。避けられないリスクであ

っても、予測し、事前に手を打っておくことです。最後は、ピンチをチャンスに変えるために、熱意や粘りが鍵になります。

経営成功学の基本姿勢は、「商売は真剣勝負」という言葉に集約されます。「全戦全勝」の気迫で、負けたらあとはないという覚悟を持って、たとえ失敗してもそこから教訓を得て、成功するまであきらめないという姿勢です。この「思いの力」が成功の鍵にほかなりません(※)。

経営成功学は国内のみならず、世界の隅々まで豊かにしていくミッションを持っています。社会、国家、そして世界全体が豊かになるまで私たちの挑戦は続きます。

最後に、『「経営成功学」とは何か』のあとがきより、ＨＳＵ創立者・大川隆法総裁先生からのメッセージを胸に刻みたいと思います。

※『「経営成功学の原点」としての松下幸之助の発想』参照。

まだ地球上には、救いようもないほど貧しい国もある。今こそ、しっかりと「経営成功学」を学んで、地の果てまでも伝えようではないか。強い意志を持って、研究に研究を重ねれば、必ずや世界のユートピアづくりに貢献できるものと私は考える。

今回の授業は以上です。ありがとうございました。

（すずき・まみや）

1954年生まれ。早稲田大学政治経済学部経済学科卒。同大学経済学研究科博士後期課程単位取得後退学。聖学院大学政治経済学部准教授を経て、現在ハッピー・サイエンス・ユニバーシティ 経営成功学部ディーン。専門の金融論のほか、理念経済学やシュンペーター、ハイエクを研究。おもな著書に、『格差社会で日本は勝つ』（幸福の科学出版）、『カオスの中の貨幣理論』（共著、雄松堂出版）、『金融入門』（共著、昭和堂）など。

HAPPY SCIENCE UNIVERSITY

第 4 限 *Introduction to Economics*

経済学入門

鈴木真実哉

経営成功学部1年次の必修科目。経営成功学部ディーンによる授業。経済学の基本的な知識の取得を目的とする。なお、本講義録は、全15回の授業の前半部分のエッセンスをまとめたものである。

1. 経済学とは何か

◆貧困の克服が経済学の目的

今日は「経済学とは何か」について講義します。

まず、経済学の概要を大づかみに理解していただいて、経済学で頻繁に使用する専門用語についても一通りおさえておきたいと思います。「消費」とか「資本」などの深い意味がわかってきますし、それを人に説明できれば、尊敬されるようになれるかもしれません。

ギリシャ・ローマ以来、学問は「人文科学」「社会科学」「自然科学」の三分野に分類されてきました。

では、経済学はどの分野に入るのでしょうか。実は、一七七六年にアダム・スミスの『国富論』が登場するまでは、「人文科学」である哲学の一部でした。しかし、『国富論』以降は「社会科学」の学問として独立したとされています。

実際、スミスのねらいは、それまで経済思想の主流だった重商主義を否定し、近代社会の発展にふさわしい経済学を構築することでした。

重商主義とは、簡単にいうと、金や銀をいかに増やすかを考えることです。その金銀財宝を誰が所有するかといえば、王様や貴族でした。しかし、スミスは、どうしたら国や国民が豊かになるかを中心に考えました。すなわち貧困の克服です。

ただ、スミスはもともと道徳哲学の講座の教授でもありましたし、『道徳情操論』という大著も遺しています。つまり、経済学は今なお人文科学でもあり、社会科学でもある、という不思議な学問なんですね。

◆物的要求と精神的要求

今から二〇〇年以上前のどんな皇帝も王様も貴族も大商人も、現代の普通の人びとほど豊かな消費生活を送ることはできませんでした。どんなにお金があってもそれによって買うべき財がなければ、そのお金は経済的な意味を持たないからです。砂漠のど真ん中であれば、お金をもらうより、水のペットボトルをもらったほうがありがたいですよね。

現代では、携帯電話やスマートフォンを持ち、一日三回十分な食事ができ、毎日お風呂にはいれる人間はたくさんいますが、昔はヨーロッパの王様や中国の皇帝であっても、こんな便利な生活はできませんでした。これは、スミス以降、多くの人がどうすれば国民が豊かになるかを考え、貧困をなくすために努力したからこそ、なし得たことです。

昔も今も貧困の克服・解決は、人類にとって重要な問題です。この問題に解決策を与えることも、経済学の使命なんですね。

経済学は人間と人間社会に関する学問です。経済学では、「人間は幸福を追求する存在」と考えます。

この「幸福」は「物的要求を満たす幸福」と、「精神的欲求を満たす幸福」の二つに分けられます。物的欲求とは、何らかの物的手段によって満たされる幸福です。精神的欲求とは、人に感謝されるとき、自らが向上するとき、新しい知識を得たとき、心が平静であるときなど、精神や心に関する幸福です。

たとえば、「コーヒーを飲みたい」という欲求は物的欲求です。なぜなら、コーヒーがなければ満たされない欲求だからです。これを満たすための物的手段を、経済学では「財 goods」と呼びます。したがって、物的欲求を満たす幸福を得るためには、まず財を獲得しなければなりません。

一方、精神的欲求に関する理論的探究は、現在の経済学では、ほとんどされてきませんでした。ここでいう精神的欲求を満たす幸福とは、「公的幸福」の面が強いといえます。

たとえば、孤立した村の地主が自分の所有する未利用地で何かを生産しようとするとしましょう。そのとき、村の九九％の庶民が、「村でつくられた安くて新鮮な牛乳がほしい」といい、その要望に応えると、一年間に五〇〇万円の利益が出るとします。一方、一％の富裕層のために高級ワインを生産すれば、年間に六〇〇〇万円の利益が出るとします。「効率性」という観点からすれば、ここでは高級ワインの生産が選択されるべきです。しかし、「公正」という選択基準からすれば、牛乳を生産することも妥当です。利益が一〇〇〇万円減っても、牛乳を生産することによって多くの村人の役立つということで、精神的な幸福を得られますよね。

経済学は今まで物的欲求に対する理論的発展をなし遂げてきたのですが、こうした精神的欲求に対する学問的発展はこれからです。ＨＳＵにおいては当然ながら、精神的欲求についても積極的に探究していくことになります。おじいさんやおばあさんが孫にプレゼントをしたり、お店の方がお客さまの喜ぶ顔をみて幸福になったりするなどの現象を、経済学として研究していきます。

2. 人間の幸福と経済活動

◆物的欲求の充足もおろそかにできない

「霊主肉従《れいしゅにくじゅう》」という言葉があるように、人間は霊がメイン（車の運転手）で、肉体が従（自動車）であると考えるのが原則です。

しかし、人間の幸福は、物的欲求と精神的欲求の両方を充足することによって得られます。仏教に「色心不二《しきしんふに》」という言葉があるように、人間は「色」（肉体、物質）と、「心」（魂、精神、霊）が一体になってこの地上に生きています。ですから、どちらも重要な欲求です。

「衣食足りて礼節を知る」という教えもあります。衣食とは物的欲求に関することであり、人間の一生の生活に欠かせないものです。そして、礼節とは精神的欲求に関するものであり、教養、マナー、文化など、人間とほかの動物を分ける質的な向上に関するものです。

砂漠のオアシスに飲まず食わずで辿《たど》り着いた旅人が、水をガブガブとこぼしながら飲み、食事を手づかみで食べても、誰も非難することはありませんが、日常において同じことを街のレストランでやれば、非難、批判されるでしょう。

つまり、物的欲求がある程度満たされるからこそ、精神的欲求を求める余裕が出てくるのです。断食《だんじき》をするなど物的欲求を否定することで幸福を得る人も一部はいるかもしれませんが、全体からみれば特殊な事例なので、やはり、まず最低限の物的欲求をいかに満たすかを考える必要があります。家族で何カ月もろくな食事もとれていないのに習い事にいく人はいないでしょう。これを「恒産なくして恒心なし」ともいいます。

経済学は、アダム・スミス以来、この物的欲求に関して多くの思想や理論を積み上げてきました。すなわち、貧困の克服が中心的な課題であったわけです。今日は経済学の概要を示す授業ですから、知っておくべき物的欲求に関するおもな理論を説明していきます。

◆財を獲得する四つの方法

物的欲求に関する人間の幸福への第一歩は、財の獲得です。そして、財を獲得する方法は四つあります。

一つ目は自分でつくること。すなわち「生産」です。

二つ目は、他人が生産したものを貨幣または物によって「交換」することです。特に貨幣で交換することを「売買」といいます。

三つ目は「もらう」ことです。

四つ目は「奪う」ことです。

四つ目の「奪う」は非合法であり、不道徳でもあるので、経済行為とはいえませんね。三つ目の「もらう」は、完全には否定し切れませんが、不確実であるということと、いき過ぎると不道徳になるという点から、これも経済行為とはみなしません。たまにものをもらうのはうれしいものですが、もらうだけで生活ができるわけではありませんし、できたとしても堕落した生活になってしまいますよね。それに想像してみてください。部屋で「○○がほしいなあ」と思っていたら、突然、○○をくれる人が部屋に入ってきたとしたら、実際は怖いですね。

したがって、財の獲得は「生産」と「交換」によってなされるということになります。現在では貨幣経済が発達していますので、ほとんどは「交換」によって財を入手することになります。

ところが、その貨幣を得るためにはもう一つの経済行為が必要です。これを「分配」といいます。生産に貢献することによって得られる報酬のことです。

「分配」は、生産における貢献度に応じて大きさが決まります。貢献度を評価する際は公平でなければならないし、すべてのものにその機会が平等に与えられなければなりません。逆に、生産の成果を平等に「分配」するということは、経済学的には悪です。つまり、貢献と報酬は、等価交換でなければなりません。貢献がゼロなのに報酬をもらったり、貢献したのに報酬がゼロであったりしてはおかしいですよね。百貢献したら百の報酬が、十貢献したら十の報酬が得られるべきです。

こうして、生産に貢献し、「分配」された報酬で財を「交換」することで、物的欲求を充足することになります。財の「交換」とは「消費」のことです。したがって、「消費」することによって物的欲求を満たし、幸福を得ることになります。

要するに、物的欲求における人間の幸福のための経済活動は、「生産」「分配」「交換」「消費」となります。

■図1　財を獲得するための経済活動

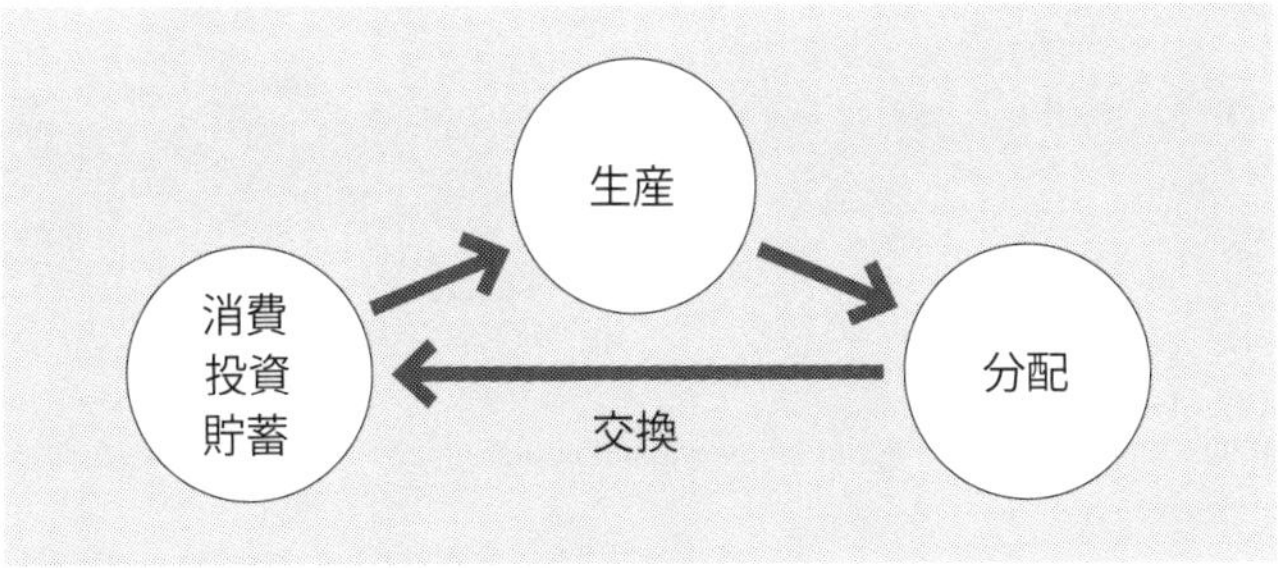

このほかに、生産をするには、生産に必要な道具や機械や工場を用意しなくてはなりません。これを「投資」といいます。

また、分配された報酬を一度にすべて支出するのではなく、将来の支出のためや、財産を増やすために「貯蓄」という経済活動も行います。

3. 資源と希少性

◆人的資源と物的資源

財の獲得には、まず生産活動が必要となります。

生産に利用可能なものは、すべて「資源」と呼びます。資源は「人的資源」と「物的資源」に分かれます。

人的資源のおもなものは、「労働(力)」です。労働とは、財を生産するのに利用される人間の肉体的・精神的能力全般のことをいいます。

人的資源にはもう一種あり、「企業者能力」と呼ばれます。これは新技術や新製品の発明などによって、生産においてイニシアチブを握り、革新をもたらす特殊な人的資源です。

労働は誰もがその能力を持ち、実行可能です。企業者能力は誰もが持ってはいるのですが、必ずしも全員が発揮できるとは限りません。シュンペーターは、企業者能力を発揮する重要な条件として、①強い意志、②自由な精神、③洞察を挙げています。また、企業家がもたらすイノベーション（革新）が、経済発展を引き起こす主役としています。

一方、物的資源は、人間の手によってつくられたものではない「土地」と、人間の手によってつくられた「資本」に分けられます。

前者は単なる地面としての土地だけではなく、天然資源なども含まれます。たとえば、風力発電は電気という財を生産するので、風は物的資源の土地に分類されます。

　後者の資本は、道具・機器・設備・建物などであり、要するに生産するために生産されたものの総称です。この資源から財を生産するには「技術」が重要となります。技術の進歩は、経験と新発明によるところが大きいといわれます。経験は労働の積み重ねであり、新発明は企業者能力の具体化です。したがって、技術もまた資源に依存していることになります。

　つまり、どれだけの量の、あるいはどれだけの種類の、またどれほどの質の財が生産できるかは、資源に依存しているわけです。

■図2　人的資源と物的資源

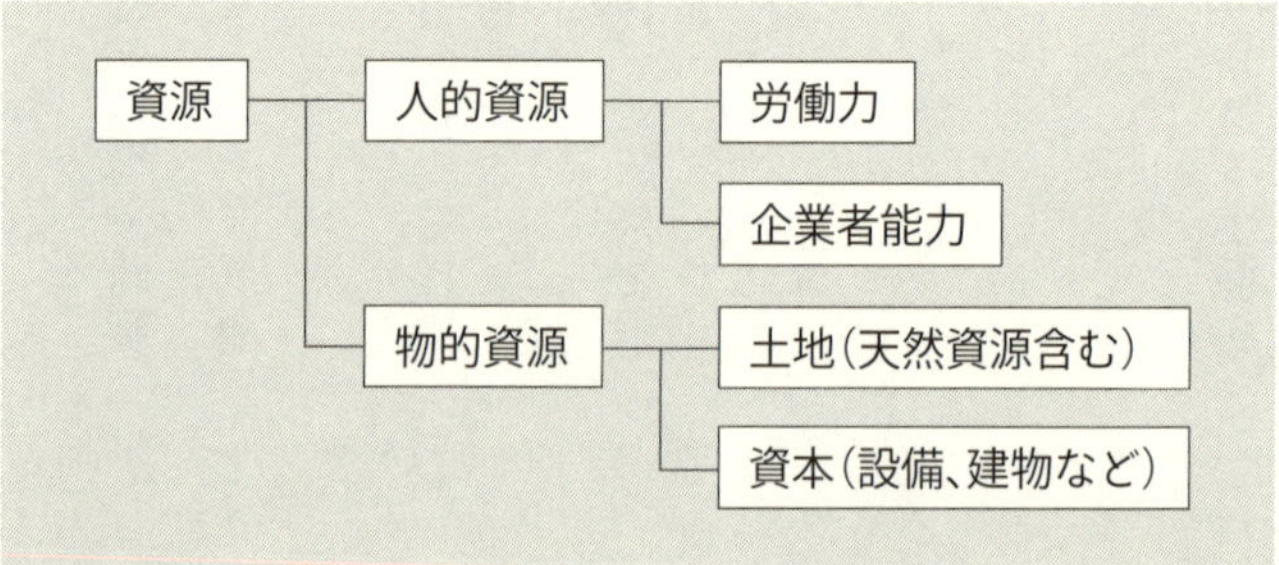

◆無限の欲求を有限な資源でどう満たすか

生産された財は、先ほど述べたように、消費されることによって人間の物的欲求を満たし、幸福感につながっていきます。

ここに経済学における根本的な問題が潜んでいます。「無限」と「有限」の問題です。

まず、人間の物的欲求は無限です。だからこそ文明は進歩し、社会は発展繁栄していくのです。

たとえば東京と大阪間の移動は、江戸時代には何日もかかっていましたが、明治以降、鉄道によって十時間ぐらいで移動できるようになりました。もし物的欲求に限りがあれば、「もっと早く移動したい」という願いは起きなかったでしょうし、さらに速い新幹線やリニアモーターカーも発明されていなかったはずです。

一方、物的欲求を満たすための財は、資源に依存していますが、資源は空間的・

時間的に有限です。その時代、その場所において利用可能な資源には限りがあります。

つまり、「無限の物的欲求」と「有限の資源」という矛盾が発生しているのです。これを資源の「相対的希少性」、あるいは単に「希少性」と呼びます。この希少性が物的欲求による経済学の根源的問題です。

この希少性を解決するには、選択が必要となります。選択の基準は、①より多く＝「量」、②よりよい＝「質」、③より多様である＝「種類」、④より速く＝「時間」、⑤より必要な＝「ニーズ」などです。

どれを重視するかは個人や社会の価値観の問題ですが、いずれかの基準において最大の成果をもたらすことが希少性の解決となります。この限られた資源から最大の成果を出すことを「効率性」といいます。つまり希少な資源を最大に生かすには、効率的な行動、無駄のない活動が求められます。

■表1

	A	B	C	D	E	F
パソコン（千台）	25	24	21	16	9	0
ケーキ（百万個）	0	1	2	3	4	5

4. 生産可能性フロンティア

◆生産可能性曲線とは

資源と希少性を解決するための「効率的」な選択をモデルにしたのが、生産可能性フロンティアです。

①現存する資源の量と種類が一定であり、②現存利用可能な技術も不変であるとするとき、すべての資源を利用し、最適な技術を用いると最大でどれだけの財の組み合わせが得られるかを示すものです。

話を簡単にするために、今、財は二種類（パソコンとケーキ）としましょう。限られた資源（たとえば労働）を二種類の財の生産にすべて利用するときに得られる組み合わせを表1とします。

この社会では、パソコンだけなら最大で二万五千台、ケーキだけなら最大五百万個を生産することができます。AからFの組み合わせは代表的なものであり、これ以外にも無数の組み合わせが存在します。これを図に表したものが図3です。

この最大値の組み合わせを図にしたものが、「生産可能性フロンティア」です。この場合、二次元平面なので「生産可能性曲線」といいます。

◆生産可能性曲線の見方

この図には、三つの世界が存在します。

①まず、フロンティア（曲線）の内側の世界です。たとえば、点U（2, 16）ですね。もし二百万個のケーキを生産するならば、点Cにおいてはパソコンを二万一千

台生産できます。もし一万六千台のパソコンを生産するならば、点Dにおいてはケーキを三百万個生産することができます。

つまり、フロンティアの内側の世界は、生産を達成することは可能ですが、最大ではありません。すなわち無駄が生じているわけです。この無駄の部分を生産(達成)可能領域といいます。最大ではないので望ましくはないのですが、現実には起こりうるものです。

その理由は大きく二つあります。

■図3

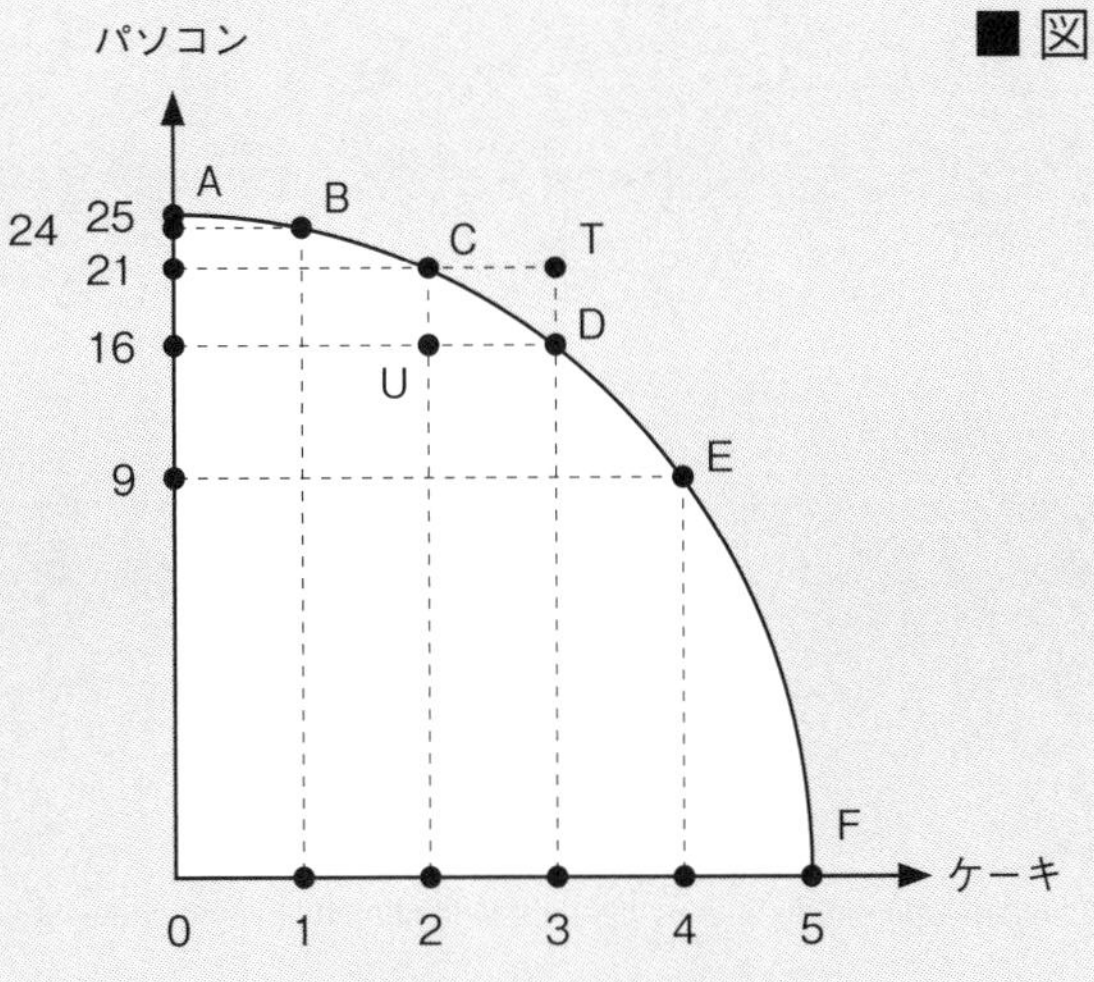

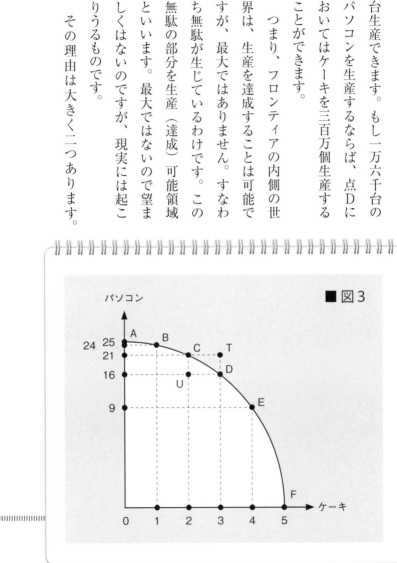

（i）まず、経済が不景気で需要が十分でなく、利用可能な労働や資本の一部が未利用であるという状態が挙げられます。つまり、失業や不完全操業が発生し、非完全雇用の状態になっているわけです。（ii）また、資源が適切に利用されていない状態です。たとえば、寒冷地にミカンの苗木、温暖な土地にリンゴの苗木を植えれば、どれほど一生懸命に手入れをしても、ミカンとリンゴの生産の最大値は得られません。資源配分には、適材適所が重要だということですね。

②次に、フロンティアの外側の世界です。たとえば、点T（3, 21）です。ケーキを三百万個生産するならば、点Dにおいてパソコンは最大一万六千台、パソコンを二万一千台生産するならば、点Cにおいてケーキは最大二百万個までしか生産できません。

現在のところ実現不可能な世界であり、この領域を生産（達成）不可能領域といいます。現在は実現不可能ですが、時間が経過して、技術進歩や資源の増大が生じれば、将来は実現可能となるものです。このとき、生産可能性曲線は、図4

のように外側にシフトします。これが経済成長です。

経済において大切なことは、経済成長を実現していくことであり、これが貧困の克服につながっていきます。

③最後がフロンティア上の世界です。これは、最大値の集合であり、望ましい状態です。

欲求に対する資源の相対的希少性の問題は、生産可能性曲線（フロンティア）上の点を選択することで解決できます。生産可能性曲線上を移動してどちらかの財が増えると、必ずもう一方の財は減少します。両者は「トレー

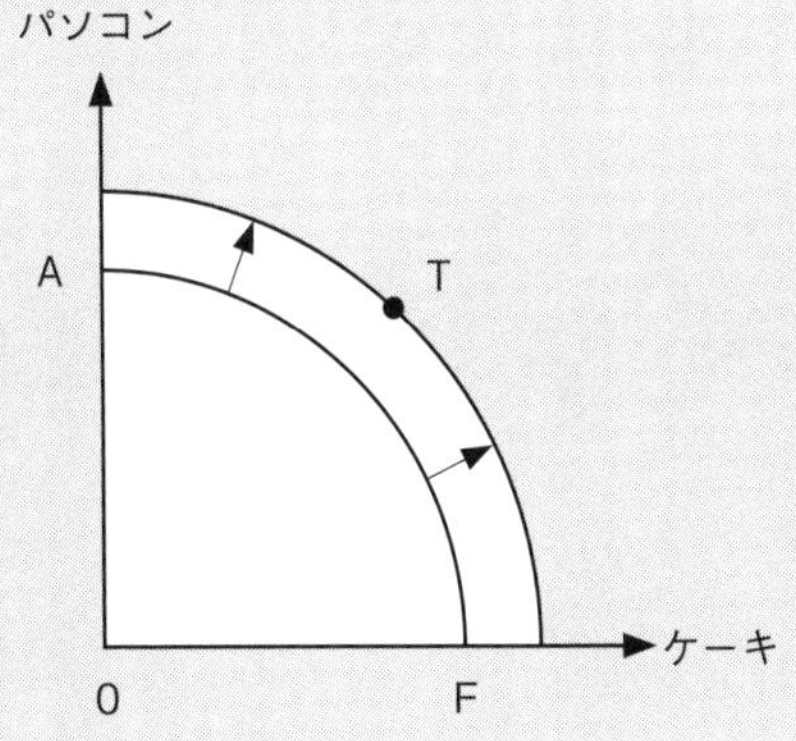

■図4

ド＝オフ」の関係にあり、この状態を「パレート最適」または「パレート効率」といいます。これは、その社会が経済的に最も効率的であるかどうかの判定基準です。フロンティア上のどの点を選択するかは、(ｉ) その社会の構成員の欲求構造、(ⅱ) 法的・制度的要因によって決定されます。

5. 機会費用

◆機会費用逓増《ていぞう》の法則

経済学でよく使われる「費用」についても触れておきたいと思います。財の生産や購入・消費の際に支出される額を、生産費、実費、購入費と呼びますが、これが一般に「費用」とされるものです。

経済学では、さらに「機会費用 opportunity cost」と呼ばれる重要な費用概念があるので、これも説明しておきたいと思います。

人間は体が一つなので、ある場所にいけば、同時に別の場所にはいけません。同じ時間に複数の活動空間に存在できないということは、どれほど多くの機会があったとしても、一度にとりかかれる機会は一つです。

何かを得るために失われる、ほかの機会があるわけです。その別の機会を選んでいたら得られた成果のことを機会費用と呼びます。

特に生産においては、ある財の生産増加に伴って、資源の用途の転換が起こり、ほかの財の生産量は減少していきます。このほかの財の減少量を、新しい財を得るための機会費用とみなすわけです。つまり機会費用とは、何かを得るために直接に要した費用の概念ではなく、何かを得るために犠牲となった、あるいは失われることとなったものの大きさによって表される費用の概念です。

先ほど示したパソコンとケーキの生産可能性曲線でいえば、ケーキを増加させればさせるほどパソコンの生産量は減少します。すなわち、パソコンで表された犠牲量は増大していきます。

このとき、一定のケーキの増大に対して、犠牲となるパソコンの量、すなわちパソコンで表されるケーキの機会費用は増大していくことになります。これを「機会費用逓増《ていぞう》の法則」といいます。

◆収穫逓減《ていげん》の法則

機会費用逓増の法則が成立する理由は、二つ考えられます。

一つ目は、各財の生産にはそれぞれに適した労働や土地、資本などの資源が用いられており、ある財の生産を増加させていくに連れて、ますますほかの財の生産に適した資源がその生産部門から引き抜かれていくからです。

つまり、資源にはそれぞれの用途において、適、不適があり、通常、各生産用途下において、不完全な互換性しか存在しません。したがって、これを解決するには適材適所が必要となります。

二つ目の理由は、各財の生産においては、必要となる資源（労働や土地など）の比率が異なるからです。たとえば、農産物と工業製品の間で資源が大々的に使用されているとします。農産物は、今述べたように大量の土地を必要とするのに対して、工業製品はそれほど土地を必要としません。このとき、農産物の生産の増大をはかると、労働という資源が農業に移転していきますが、土地はほとんど増大しないとすると、一定の土地の総面積において農業労働者が増大していきます。そのため、農業労働者一人あたりの土地の面積は減少していくことになります。

このとき、「収穫逓減《ていげん》の法則」が働きます。労働が増えると農産物全体の生産量は増大しますが、追加的に得られる農産物の増加量は減少していきます。工業製品の生産量は減少していますが、工業側からみれば、どの労働者が移動しても犠牲となる大きさはそれほど変わりません。したがって、農産物の同じ増加量に対する工業の犠牲量、すなわち農産物の機会費用が増大します。つまり機会費用は逓増していくわけです。

経済行動だけでなく、あらゆる人間の活動においてはこの機会費用が存在します。大切なのは、目にみえる直接的な費用と機会費用とを総合的にみて、成果と照らし合わせて合理的な判断を下していくことです。

6. 現代経済の特徴①——莫大な資本の利用

◆資本とは何か

「資本」についても考えていきましょう。現代の資本主義社会を理解するためには、はずせない論点です。

財の生産の成果は、資本の利用に大きく依存しています。現代経済社会の特徴は、莫大な資本の利用です。資本とは、人間の手によってつくられた物的資源で

■図5

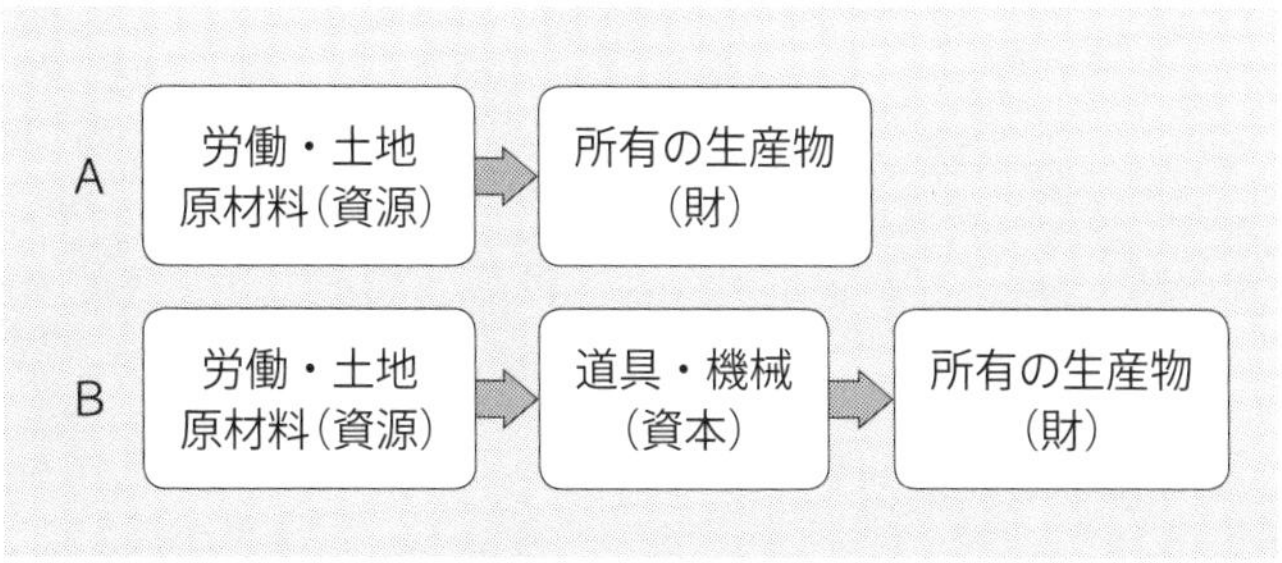

すが、その生産には一つの特徴があります。

今、AとBという二人の人間がいるとします。両者共にその年の畑で生産された五〇〇粒の大豆を持っているとします。Aは今年そのすべてを食べてしまいました。すなわち消費したわけです。Bは三〇〇粒消費し、二〇〇粒をとっておきました。すなわち貯蓄したわけです。

翌年Aには生産に用いる大豆は存在しません。Bは貯蓄しておいた二〇〇粒の大豆を畑に蒔《ま》くことによって、その数十倍の大豆を得ることができます。

つまり時間の流れのなかでは、現在目の前

の消費によって効用を最大にするよりも、常に将来に向けて貯蓄し続けるほうが莫大な成果を得ることができ、消費も拡大していくことになります。

この貯蓄しておいた大豆が、資本です。つまり資本とは、将来の生産能力をより豊かにするために現在の消費の一部を一時的に犠牲にすることです。資本そのものを消費することはありませんが、資本が存在することによって生産と消費は拡大していくわけです。今の事例をパターン化すると図5のようになります。

Aのように資本を用いないで労働や土地（これを本源的生産手段といいます）から、ほしい生産物を直接生産することを「直接生産」といいます。

Bのように一度資本を生産してから、ほしい生産物を生産することを「迂回生産 round-about production」といいます。

現在の消費を犠牲にし、生産の迂回化を促進し、資本ストックを増財させていく現象を「資本蓄積」といいます。

ですから、貯蓄をしたり資本を蓄積したりするということは、単にケチケチするとか、お金を独り占めするとかいうことではなく、経済を飛躍的に拡大させることを意味します。「アリとキリギリス」の話は知っていますよね。アリは貯蓄をし、資本を蓄え、キリギリスは目の前の快楽だけを求めて消費していたら、その後が大きく変わってしまったのです。

◆経済成長をもたらす資本蓄積

次ページ右の図6は、現在利用可能な消費財と資本財の生産可能性曲線です。K1は消費財が多く、資本財が少ない組み合わせであり、K2はK1に比べて消費財は少ないが、資本財はより多い組み合わせです。将来は、K2のほうがより高い生産可能性曲線に達することができます。

これを示したのが次ページ左の図7です。つまり資本蓄積が大きければ大きいほど、将来の生産は拡大し続け、経済は成長し続けるのです。現代の経済社会はきわめて複雑な迂回生産構造のなかで、莫大な資本蓄積が行われ、莫大な財の生産が可能となっています。

今日、我々が消費している財は、この迂回生産構造という巨大な氷山の一角にしかすぎません。消費者にみえない海面下には、膨大な資本が隠れています。

経済成長は、この現在と将来という異時点間の資源配分の問題であり、アダム・スミスは『国富論』においてすでにこのことを指摘していたわけです。

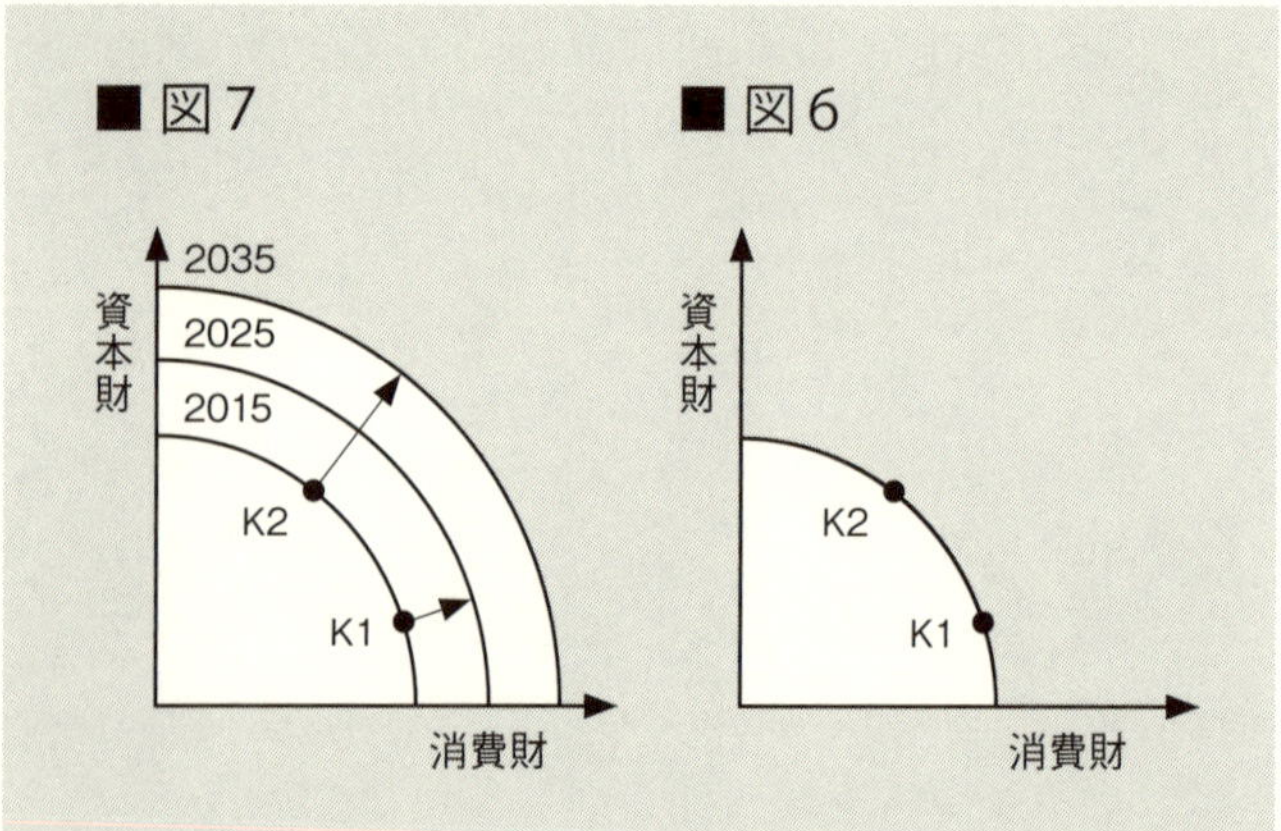

7. 現代経済の特徴②――特化と分業

◆「特化」が豊かな消費社会を生み出した

莫大な資本の利用と並んで、現代経済社会の特徴に「特化 specialization」と「分業 division of labour」が挙げられます。

特化とは、人間・地域・国家などの各経済単位が自分の利用している膨大な生産物のうち、ごく一部分しか自らつくり出していないことを示します。たとえば現代の私たちが衣食住で利用・消費している財のなかで、自分が生産に直接かかわっているものはほとんどありません。通常、洋服屋さんは自分で田植えや稲刈りはしませんし、農家は自分で家を建てたりしません。また、大工さんは自分で服を仕立てたりしません。それでいて、ほかの物やほかの地域、国家が生産する多種多様な財を利用、消費することができています。つまり、何一つ自分でつくり出していないのに、世界中のものを買うことができます。豊かな消費社会は特化を前提として存在し得るのです。

この逆が自給自足です。たとえば、セーターをゼロから自分でつくろうと思うならば、羊を飼育するところから始めなければなりません。自給自足社会は一定の安定感はあるかもしれませんが、豊かさや繁栄という面からみれば、特化がなされている社会のほうが優れています。

特化が発生する理由は二つあります。

一つ目は、人間や地域や国家は、技能や資源などにおいて何らかの独自の個性や強みを持っているという点です。もし日本において国産のコーヒーを生産し、消費したいと思うならば、ブラジルなどのコーヒーの生産に適した地域や国の気候風土と同じ条件を、工場施設のようなところで用意しなければなりません。施設の建設費用、光熱費などを考慮すると、輸入したコーヒーで入れたコーヒーの価格をはるかに超えてしまうでしょう。そのため、コーヒーはコーヒー豆の生産において独自の個性と強みを持った国に任せて、輸入した方が互いに大きな利益となるのです。

二つ目は、大規模生産の利益が得られるからです。たとえすべての財の生産が可能な地域や国家であったとしても、限られた資源ですべてを生産しても、各財の生産量は大きなものとはなりません。いくつかの財に絞って資源を集中すれば、その財の生産量は大きなものとなります。つまり経済、特に生産においては、資源や資本を集中すること、富を集中することは、バラバラにそれらを利用するよりもはるかに大きな成果を生むことができるのです。

◆生産の拡大をもたらした分業

特化を進めれば進めるほど、生産全体に要する作業のうち、かかわれる部分はごく一部となります。これを「分業」といいます。特化による生産の拡大は必然的に分業の拡大を意味します。

たとえばアダム・スミスが『国富論』のなかでピンの生産について触れたように、分業は生産の拡大にとって必須のものです。分業すれば各個人においても、各地域、各国においても、同じ作業や生産活動が増え、それにつれて経験が積み重なり、生産性が向上していきます。今や分業は、ベルトコンベアーシステムなどのような一工場の生産工程だけではなく、一つの国のなかや各産業のなかにおいてもみられる現象です。

一つの自動車工場において、タイヤをつける担当者がエンジン部分を組み立てる担当者の仕事を知らなくても自動車は生産されますし、自動車工場で働く人が、自動車の生産だけに携わっていても、その人間の日々の生活に必要な食料や衣服はほかのそれぞれの産業において生産されているので、豊かに消費をすることができます。もし分業がなされていなければ、ある人間は自分の生活に必要なものを朝から晩まで一年三六五日生産しなければならなくなります。とても豊かな生活とはいえないでしょう。

さらに分業は、国家間における国際分業にまで拡大しており、気候や風土や強みなどにしたがって、各地域や国が自分で消費する以上のものを生産しています。貿易をすることによって、自国やその地域では生産できないものを消費できるという豊かな経済社会が実現しています。

個人も地域も国家も、現在消費する財の大部分を自ら生産してはいないのに、全世界で生産される莫大かつ多種多様な財を購入することができます。つまり、現代の豊かな暮らしは、はるかに高度化・細分化された分業によって実現が可能となっているのです。その結果、世界の人びとや地域や国家は、複雑かつ緊密な相互依存関係にあり、他者の存在なくして豊かさは実現できないものとなっています。

この特化と分業の成果を傷つけるものが、ストライキや戦争です。だから、社会は連帯や協調を大切にしなければならないわけです。

8. 貨幣の使用

◆直接交換と間接交換

現代経済社会の特徴として、貨幣の使用も挙げられます。この貨幣の使用が高度な特化と分業を可能にしています。そもそも貨幣の機能とは何でしょうか。

今、図8のように、おにぎりを持っているがサンドイッチが食べたいと思っているAさんがいる一方、サンドイッチを持っていておにぎりを食べたいと思っているBさんがいるとしましょう。この二

■図8

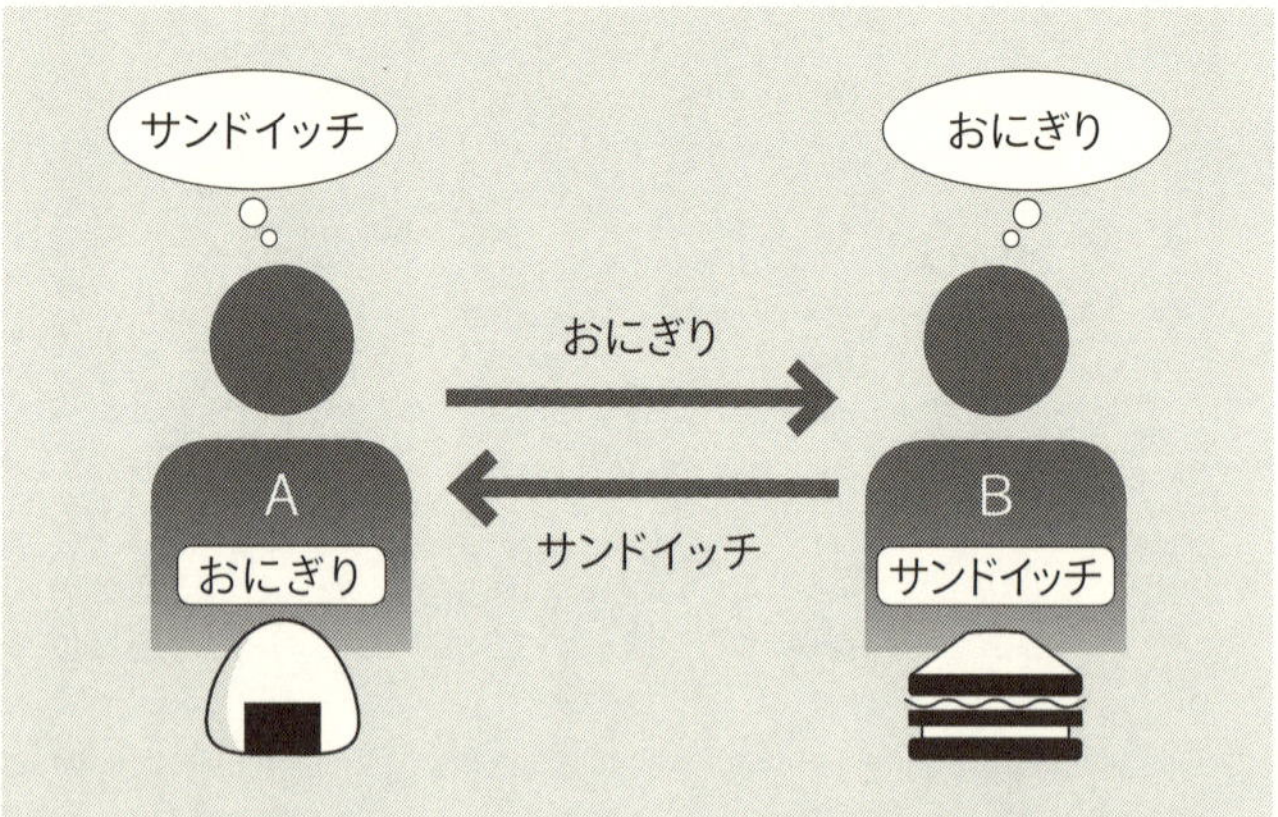

人が出会えば、持っている物を欲しいと思っている相手に渡すことによって、両者は願いを実現することができます。

一方が他方の欲している物をそれぞれ提供できることを「欲望の二重の一致double coincidence of wants」といいます。そして、この欲望の二重の一致が成立して交換が行われることを、「直接交換」といいます。

しかし多数財の世界では、欲望の二重の一致が成立することは困難です。たとえば図9のようにリンゴを持っていてミカンが欲しいAさん、ミカンを持っていてナシが欲しいBさん、ナシを持っていてリンゴが欲しいCさんがいるとすると、A、B、Cどの二人同士でも欲望の二重の一致は成立しませんよね。したがって交換は成立しないし、誰も欲望を叶えることはできません。

そこでAさんが自分の持っているリンゴと自分では消費しないナシをCさんと交換したとします。そしてそのナシをBさんに提供することによって、結局欲しかったミカンを手に入れることができます。結果的にA、B、C三者とも自分の持っている物を提供し、自分の欲しいものを手に入れていることになります。

つまり全体で欲望の二重の一致が成立したときと同じ結果が得られているわけです。これを実現したポイントはナシの動きにあります。ミカンとリンゴは持っている人から欲しい人へと直接渡っていますが、ナシは持っているCさんから食べる気のないAさんに渡り、Aさんからナシを食べたいBさんへ渡っているといった二回の動きがありました。要するにAさんにとってのナシは消費するものではなく、交換するためのものです。これ

■図9

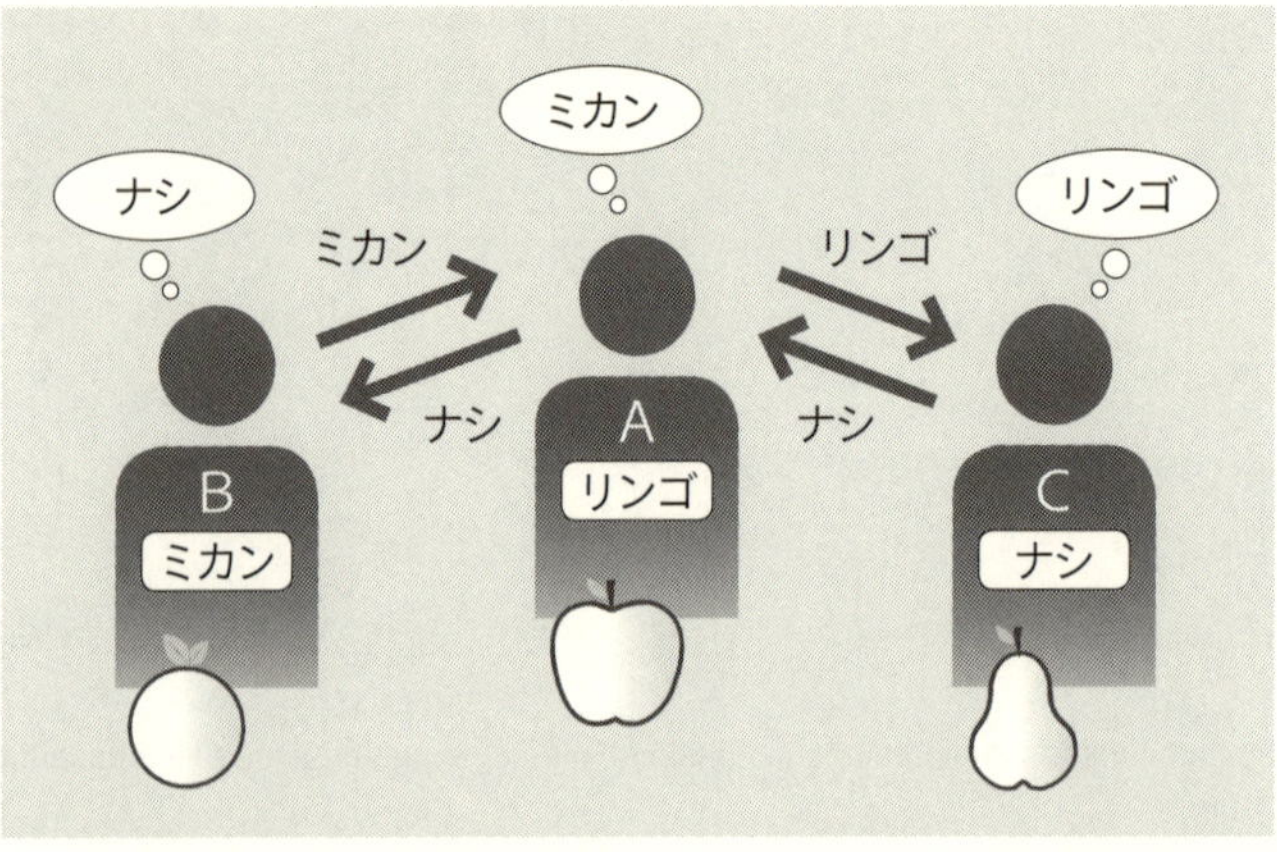

を「交換手段」といいます。

交換手段が存在することによって、人は手間暇をかけなくとも自分の欲している物を入手することができるわけです。このように交換手段を使って交換することを「間接交換」といいます。

この交換手段こそ、貨幣の機能の一つです。交換手段という機能を持つ貨幣が存在することによって、人間は容易に欲しい物を得ることができるのです。

◆貨幣の誕生

ところで先ほどのA、B、C三者の交換は、理論としてはわかりやすいのですが、現実には起きにくいですよね。なぜならリンゴとミカンとナシの収穫時期は違うし、長持ちしないからです。

したがって、交換手段には万人が受けとることを拒まない財であるということと、万人が交換手段を容易に確認できる財であるという条件が求められます。この条件を満たすものが「貨幣」です。

それゆえ貨幣には、壊れにくい、腐りにくいという耐久性が求められます。古代の貨幣には貝や塩や毛皮などが利用されることがありました。これらの貨幣は交換手段として用いなくても、それ自体を消費することも可能です。こうした貨幣を「消費貨幣」といいます。

経済が発展し取引領域が拡大してきますと、取引の決済のための貨幣に別の条件が求められてきました。それは少量でも価値があり、持ち運びやすいという条件です。これを満たすのが金や銀でした。こうした金や銀を利用した貨幣を「金属貨幣」といいます。

さらに経済が発展してくると、必要な貨幣の量が増えてきます。決済に必要な金銀は天然資源で、生産する国も限られているため、必ずしも必要な量を生産できないことがあります。そうして貨幣に求められたもう一つの条件が、必要に応じてどの国でもつくることのできる素材であることです。すなわち、紙を利用した「紙幣」の出現です。

現在では紙幣のほかに、大規模な取引決済額に対応するため、取引当事者の預金口座同士のつけ替えという「預金貨幣」が使われています。

貨幣は時代の要請と共に、貝、金、紙と、形態を変化させてきましたが、まず一番目に求められるのは、交換手段としての機能です。貨幣は物々交換に伴う不便さを解消し、取引と分業の範囲を飛躍的に拡大することを可能にし、人類に豊かさと自由をもたらした偉大な発明の一つです。

そのほかに、貨幣にはすべての財の価値を客観的に測るという「価値尺度機能」や、自らが得た所得などの価値を安定的に保つという「価値貯蔵手段」としての機能があります。この交換手段、価値尺度、価値貯蔵を合わせて、「貨幣の三大機能」といいます。

9. 経済体制の分類

◆分権制と集権制、私有制と公有制

以上、経済学に関する基本的な考え方をざっと説明しました。授業の最後に、現代の経済社会について、少し大きな話をしておきたいと思います。

古今東西この地上においては、いろいろな種類の経済社会が存在してきたし、今もまた存在しています。細かなところは置き、この経済社会の種類すなわち経済体制を分類する基準は二つあります。

その分類の基準の一つは、資源配分の意思決定に関するものです。「資源配分をどのようにするか」という意思決定が、その社会の各構成員に分散して個別的、自主的に行われることを「分権制」といいます。それに対して、意思決定が中央機関に集中し、一元的に行われるのが「集権制」です。

分権制においては、各構成員が個別ばらばらに経済活動していても、それぞれの意思決定の相互の調整が市場メカニズムに委ねられているので、全体として常に秩序と調和が保たれます。したがって分権制における経済を「市場経済」と呼びます。

一方、集権制においては、中央政府や中央機関の計画と指令に基づいて、生産における集権的な意思決定が行われているので、集権制における経済を「計画経済」と呼びます。

経済体制を分類するもう一つの基準が「土地や資本などの物的資産を誰が所有するか」というものです。

個々の社会構成員（個人や企業）が私的に所有するのが「私有制」です。一方、これらの物的資産が政府や国家などの公的機関によって、公的に所有されるのが「公有制」です。

前者の私有制においては、私有財産が尊重され、この私有財産を核として営まれる経済を「資本主義」あるいは「資本主義経済」と呼んでいます。

また、国有化や公的所有という形で私有財産が大幅に制限される経済を「社会主義」、あるいは「社会主義経済」と呼びます。

◆資本主義経済は本当に勝利したのか

以上の二つの基準において、それぞれ二つの経済が想定されるので、これらの組み合わせによって四つのパターンの経済体制があり得ることになります。

一つ目は、私有制かつ分権制の経済体制で、これを「資本主義経済」といいます。

二つ目は、私有制かつ集権制の経済体制で、これは「資本主義統制経済」と呼ばれるものです。

三つ目は、公有制かつ分権制の経済体制であり、「社会主義市場経済」と呼ばれます。

四つ目の経済体制は、公有制かつ集権制の経済体制であり、「社会主義計画経済」と呼ばれます。

純粋にこの四つのパターンの経済体制にぴったりとあてはまる社会はなかなか存在しませんが、この地上にある経済は、四つの体制のうちのどれか一つが強く表れています。

例を挙げると、一つ目の資本主義経済は、日本、アメリカ、ＥＵ圏諸国などの自由主義圏諸国です。

二つ目の資本主義統制経済が特に現れやすいのが、戦時の非常事態のような場合です。たとえば一九三〇年代以降の日本やドイツなどの戦時下における統制経済があります。戦時下でなくても政府の経済に対する介入が強まれば、平和時においても資本主義統制経済は存在し得ます。戦後の労働党政権下のイギリスがその例ですね。

三つ目の社会主義市場経済は、古い例としては非ソ連型市場社会主義を採用していたユーゴスラビアがあり、新しい例としては改革開放路線導入以降の中国があてはまります。

四つ目については、冷戦体制崩壊以前の共産党独裁政権下における旧ソ連、旧東ヨーロッパ（東ドイツ、ポーランド、ルーマニアなど）が典型的な社会主義計画経済の例です。

歴史的にみると、地球の半分を社会主義経済が覆う時期もありましたが、しだいに、特に冷戦終了以降の世界は資本主義市場経済の方向へ全体として向かっているといえます。しかし、資本主義も永遠に続くものかどうかは、まだわかりません。大川隆法総裁先生は『資本主義の未来』という経典のなかで、金利がゼロになっているのに経済が発展しない現状について、「資本主義経済が終わりを迎えている」と指摘されています。膨大な資本が蓄積されているのに、経済がまったく拡大しないという不思議な現象が起きているわけです。

こうした現象を明確に解き明かし、経済を拡大させる新たな方法について考えることも、経済学の使命です。ただ、この論点は簡単に結論が出るわけではありませんし、一時間やそこらで話し切れるテーマではありませんから、また別の機会に講義できればと思います。

今日は、全体を網羅するところまではいきませんでしたが、経済学の基礎的な論点をざっくりと紹介しました。経済学特有の考え方を理解してもらえればと思います。

（こんどう・かいじょう）

1959年生まれ。愛知県出身。東京大学大学院工学系研究科電子工学専攻修了。工学修士。修士（文学）。通産省工業技術院電子技術総合研究所を経て、1989年に幸福の科学に奉職。専務理事兼事務局長、常務理事兼指導局長、箱根精舎館長、求道館館長などを歴任し、現在、ハッピー・サイエンス・ユニバーシティ バイス・プリンシパル。著書に『フロンティアを拓く未来技術』、編著書に『HSUテキスト6 未来産業教学概論』、おもな論文に「『仏陀再誕』の予言について」「釈尊の伝道について」（『人間幸福学研究』）などがある。

HAPPY SCIENCE UNIVERSITY

第 5 限 *an overview of Future Industry Studies*

未来産業教学概論

近藤海城

未来産業学部1年次前期における必修科目である。未来産業学部が担う使命、学問の方向性を提示する。なお、本講義録は、全15回の講義のエッセンスをまとめたものである。

1. 未来産業学部の目指すもの

◆宗教と科学の融合

世の中には、宗教と科学は相入れないものであると考えている人がいます。彼らは「宗教には科学的合理性がない」といって、科学で説明がつかない奇跡現象や信仰心を、否定したり拒絶したりすることが往々にあります。

そうした人からみれば、宗教である幸福の科学が創立したハッピー・サイエンス・ユニバーシティに「未来産業学部」という理系学部があること自体、違和感を覚えるかもしれません。現に、幸福の科学大学の設置認可の審議プロセスにおいて、文科省によって選出された審議委員（大学教員らからなる）からも、幸福の科学大学の教育から幸福の科学の教学を排除せよという指摘がありました。

では、はたして、宗教と科学は矛盾するのでしょうか。

本講義では「宗教と科学」をテーマに、宗教的教養と科学的教養を深めていきます。幸福の科学教学をベースに、宗教と科学の接点部分を中心に、幅広く学びます。

◆現代科学でわかっていないこと

「科学とは、すべての現象を合理的に説明する、理路整然とした学問である」といわれます。合理的、理論的、客観的に説明しようという科学的実証主義はまちがいではありませんが、もし、「科学的実証がなされないと科学ではない」ととらえているとすれば、それは大まちがいです。なぜなら、先端の科学では、理論と現象の矛盾や、説明のつかないものが山積みだからです。

たとえば、現代の宇宙物理のトピックスに「ダークマター」や「ダークエネルギー」があります。宇宙にあるすべてのエネルギーのうち、水素やヘリウム、星を構成する岩石など、目にみえる物質として存在しているのは四％にすぎず、ダークマターは二三％、ダークエネルギーは七三％を占めるといわれています。これは、さまざまな傍証から推測され、仮説が挙げられていますが、ダークマター、ダークエネルギーの正体は、実はまったくわかっていません。もし、これらをうまく説明し切った理論を出せれば、ノーベル賞がもらえるかもしれません。

また、宇宙の誕生を説明する「ビッグバン」理論は、宇宙が一点から始まり、急激に膨張し、現在の宇宙のように広がったという説で、現在の宇宙科学分野ではおおむね定説として受け入れられています。しかしながら、「宇宙の始まりとなるビッグバンの『前』はどうなっているのか」と問われたならば、答えられる人はおそらくいないでしょう。物理学者も「神の一撃があった」というくらいです。

さらに、「地球外生命 Extraterrestrial life」の存在は、現在、宇宙科学の分野では〝公式には〟認められていません。しかし、ＮＡＳＡは、太陽系外に生命の住める惑星を探すために宇宙望遠鏡を搭載《とうさい》した探査機「ケプラー」を打ち上げ、続々と候補となりそうな惑星をみつけ出しています。

物理学についても同様です。たとえば、磁石はN、Sの二極ですが、どちらか一方の極しか持たない物質（磁気単極「モノポール」）はなぜ存在しないのか。重力の大きさは、ほかの電磁気の力などに比べて何十桁も小さいのはなぜか。万有引力定数Gは不変なのか。Gが時間的に変化する、あるいは、ミクロのスケールでGの値が変わることはないのか。なぜ、中性子の質量は陽子の質量より少しだけ重いのか。電磁気の方程式（マクスウェルの方程式）は強電場や強磁場でもなり立つのか。

さらに根本問題に迫るとするならば、なぜ、宇宙に星があり、銀河があるのか。宇宙はなぜ存在するのか。人間はなぜこの形なのか。人間とは何か……。

このように、科学の領域で説明や証明ができていないものを挙げたらきりがないのです。現段階では、科学者であっても「神様が創られたから」としかいいようがないというのが実情であり、そのような不思議な世界に私たちは生きているのだということを、まず、前提として知っておくべきかと思います。

◆宗教でわかっていること

一方で、このような問題に対して、宗教である幸福の科学では明確に論じられている部分があります。

たとえば、宇宙の三次元構造とその創造については、多次元構造、高次元エネルギーの存在によって説明されています。経典『太陽の法』には、宇宙は高次元から創造されたという記述があります。もちろん、科学的な数式を使って表現されている訳ではありませんが、「仕組み」の説明は論理的です。

なかには、現在の科学の「常識」や「定説」とされている理論とは矛盾するように思われるものも多く論じられています。たとえば、宇宙人の存在や宇宙創造のプロセス、また、人間は動物から突然変異を繰り返して偶然が重なって進化したのではないとする、新しい「進化論」などです。

本講義は、幸福の科学教学のなかでも科学の理解や科学技術の進展に関係するものを抽出し、学んでいきます。そして、宗教と科学には密接に関係する部分があるということを、理解していただきたいと考えています。

目指すところは、宗教と科学の融合です。大川総裁は、次のように説かれています。経典『救世の法』第5章、一九四ページから一九六ページです。

科学の未来は、実は、この信仰の上に成り立つものです。
この信仰があって初めて、霊的存在やあの世の世界の探究が始まります。
そして、この信仰に基づき、宇宙の本当の姿が解明されてくるのです。（中略）
幸福の科学は、宗教と科学を融合し、未来社会を切り拓きます。それが、われらが使命です。

本来、宗教と科学は対立するものではありません。むしろ、宗教のなかに科学を発展させる可能性やヒントがあるのです。未来産業学部では、信仰心と科学的探究心を両立する人材を輩出し、これが未来社会を拓く方向であるということを示していきたいと考えています。

◆人類が直面する課題を解決する

ＨＳＵの建学の精神は「幸福の探究と新文明の創造」であり、未来産業学部もこの精神のもとに創設されました。すなわち、理系の学問を通して、人類の幸福を拡大し、新文明の源流となるものを創造することをねらいとしています。

この具体的プロセスの一つとして、人類が直面する問題や課題を科学技術の側面から解決することを目指します。『「未来産業学」とは何か』では、次の四つの大きなテーマが示されています。

《未来産業学の課題》

①食糧問題の解決
②エネルギー問題の解決
③宇宙技術の開発
④理論物理学の研究

現在の未来産業学部に、これらすべてを網羅できるほどの規模はまだありませんが、このようなテーマで貢献しようという「志《こころざし》」を持ち続けることは重要です。これから、四つのテーマについて、すでに研究されている現状を概説し、さらに、どのように解決すべきかについて検討していきます。ただし、本講義は「概論」なので、詳細はほかの専門科目に譲ります。

◆課題① 食糧問題の解決

（現状） 世界の人口は二〇一五年時点で約七〇億人ですが、二〇五〇年には九〇億人を超えると予想されています（図1参照）。アフリカ、アジアの人口増加は特に著しいと予想され、食糧問題はますます深刻化するため、解決策が求められます。

国際連合食糧農業機関（FAO）がまとめた「世界の食糧不安の現状 2014年報告」には、慢

■図1 世界人口の推計

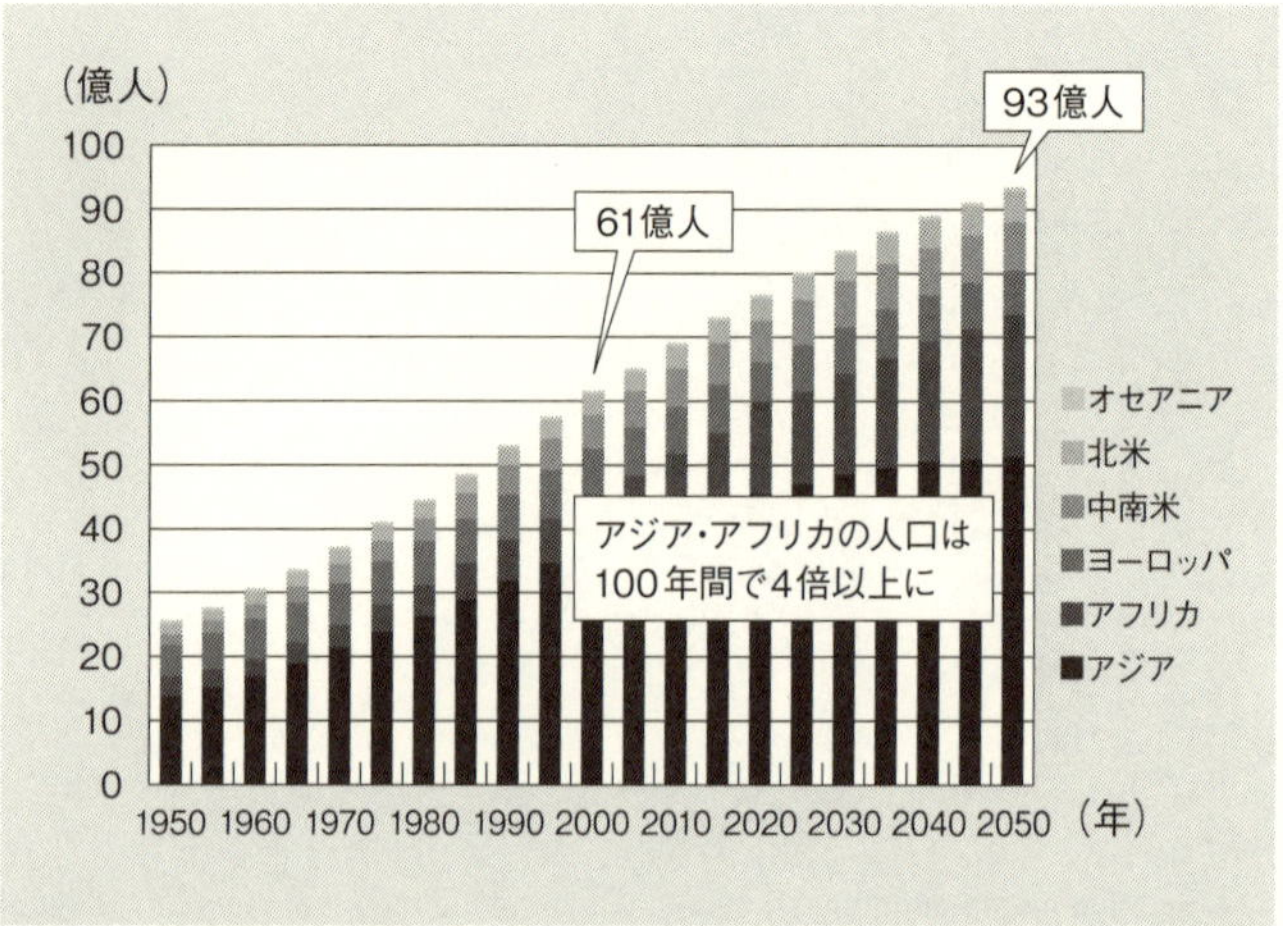

出所：総務省HP http://www.soumu.go.jp/johotsusintokei/whitepaper/ja/h25/html/nc122210.html をもとに作成。

性的な栄養不足に苦しむ人口はこの十年間で一億人以上減少していること、開発途上国では一九九〇－九二年の記録以降、栄養不足状態にある人が二億三百万人減少していることが報告されています。つまり世界的に、飢餓人口は減少傾向にあるといわれているようではあります。

しかし、もし、大気汚染など、地球環境の変化が急激に起こったならば、穀物などの収穫に影響が及びます。食料問題解決は、「人類のサバイバル」をかけた本格的なとり組みが必要といえます。

（解決策①昆虫食）　食糧問題を解決するためにＦＡＯが提言しているものは、栄養価の高い昆虫食や食用微生物の開発です。日本でもイナゴや蜂の幼虫などを食べる文化があるように、昆虫食は世界各地でもみられますが、食文化として広く受け入れられるためには、心理的な抵抗感の克服が課題だと思われます。浸透させていくには料理研究家の協力も不可欠でしょう。

本学でもこの方面の研究を始めています。日本でもクロレラやミドリムシなどがすでに販売されていますが、これらの食用微生物が広く流通するのはこれからです。

(解決策②農業技術) 砂漠地帯でも栽培可能な植物工場や魚の養殖工場など、環境に左右されずに食糧を確保できる技術の研究が進められています。

植物工場は近年、パナソニック、東芝などの大手電機メーカーも参入し、研究開発が進められています。しかし、それらのほとんどは「葉物」で、主食となりうる穀物を安価で安全に生産できるかどうかが今後の課題です。農業技術については、農業ロボットのさらなる開発が必要です。

(解決策③魚の養殖) 近年、三〇年以上の研究を重ねて流通し始めた「近大マグロ」が有名になりました。マグロの消費量が増え、漁獲規制も叫ばれるなか、需要の高い技術です。

さらに、海の生簀《いけす》を使わずに、陸地でも養殖が可能で、かつ、淡水魚と海水魚が一緒に飼育できるという「好適環境水」を使う方法も注目に値します。魚の餌として昆虫を使用する例や、中東の砂漠地帯に魚の養殖工場を建設するという話もあります。これらはまだ、「ハイコストで高付加価値を生む技術」ですが、研究が進めば「ローコストで食糧危機に対応する技術」になる可能性もあります。

これらは、『「未来産業学」とは何か』三一ページから三二ページで大川総裁が挙げられているものです。

◆課題② エネルギー問題の解決

(現状) 人口増加や発展途上国によるエネルギー消費量の増加により、エネルギー需要は激増しています(図2参照)。前述の食料問題も、エネルギーが十分に供給されれば解決できる部分もあるので、これは根本的問題といえるのです。

特に、日本のエネルギー自給率は現在約六％であり、東日本大震災前の二〇％に比べても、諸外国に比べても、著しく低い（※）ため、石油と天然ガスに頼る現状では、国防上も非常に脆弱《ぜいじゃく》です。核エネルギーのような新しいエネルギー源の確保が必要です。

核分裂を利用した原子力発電は、ある程度完成された技術であり、世界レベルでは今後も増えていくと予想されます。小型原子炉も提案されており、安全性の向上が期待されます。一方、核融合を利用した発電システムも長年研究されていますが、なかなか見通しが立っていないようです。

さらに、自然エネルギー（太陽光、風力、地熱、潮力、海洋温度差など）や、シェールガス、メタンハイドレートなどの可能性も探られています。太陽光を利用して水素やメタンなどのエネルギー源となる化合物をつくり出そうとする「人

※ 経済産業省資源エネルギー庁長期エネルギー需給見通し小委員会　第11回（平成二七年七月一六日）関連資料 http://www.enecho.meti.go.jp/committee/council/basic_policy_subcommittee/mitoshi/pdf/report_02.pdf

■図2　世界の一次エネルギー需要量の予測

2100年の開発途上国（非OECD諸国）の1人あたりの一次エネルギー需要量が、2011年の先進国（OECD諸国）平均の実績の1/2に直線的に増加した場合の予測値

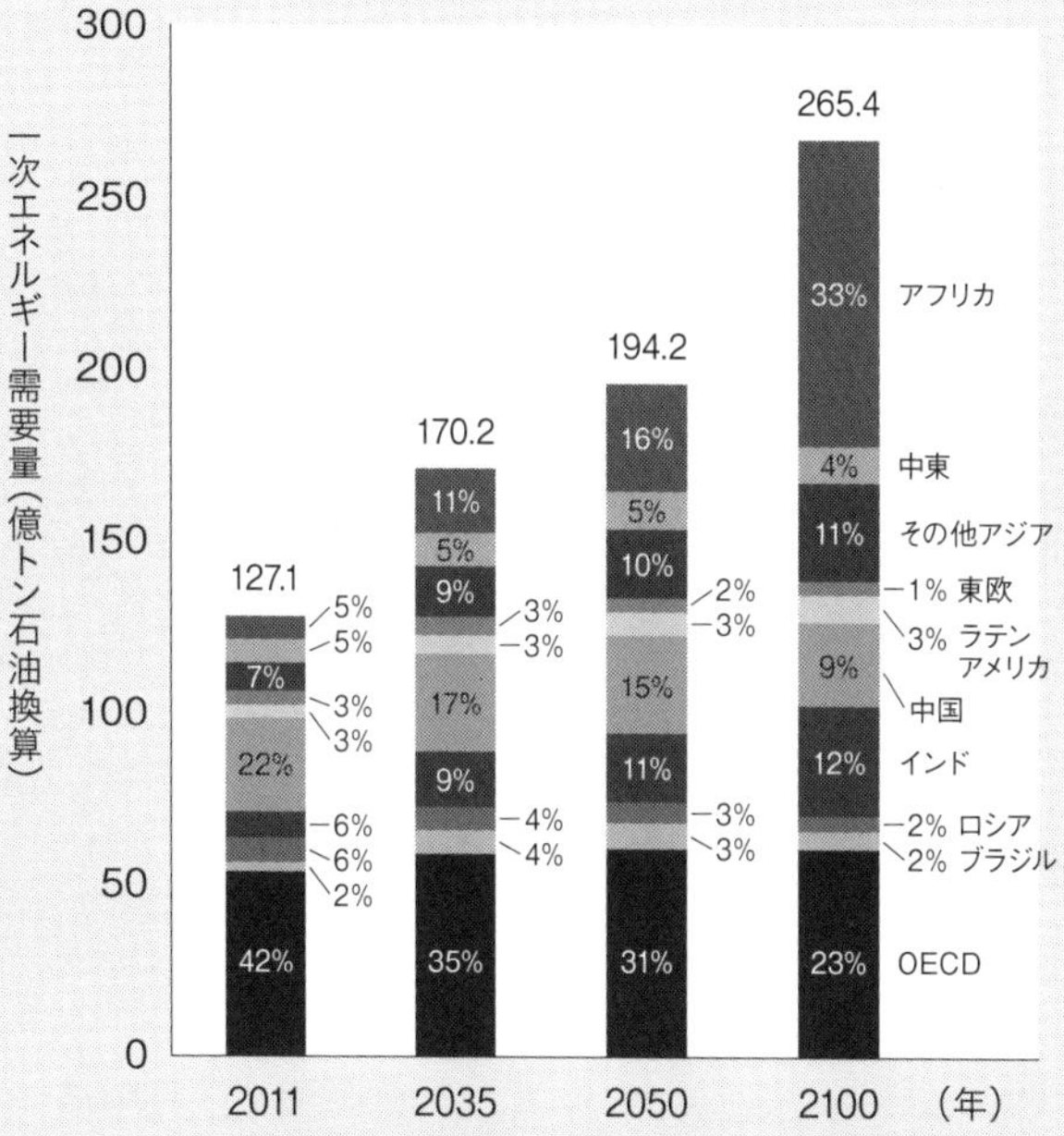

●非OECD諸国：日本、韓国及びニュージーランドを除くアジア地域国（含む中国、インド）、東欧（含むロシア）、ラテンアメリカ（含むブラジル）、中東、アフリカ
●WEO2013では、この他に国際船舶・航空機への燃料輸送にかかる一次エネルギー需要（3.6億トン）が加算されている。

出所：早瀬佑一「エネルギー需要は2100年に倍増へ」（Global Energy Policy Research） http://www.gepr.org/ja/contents/20140609-02/

工光合成」の研究も各所で進められていますが、太陽光そのもののエネルギー密度が低く（地上で1kw/㎡）、根本的なエネルギー源とするには限界があるでしょう。

日本では近年、〝原発アレルギー〟のため原発の稼働がとめられ、天然ガスによる発電量が急増しました。また、民主党政権時に決められた「再生可能エネルギーの固定価格買取制度」により、太陽光発電の割合も急速に伸びつつあります。しかし、これは補助金による制度のため、先行きは不透明であり、天気の変化や表面に積もる埃《ほこり》によって発電量が低下するなど、安定供給という点で不安が残ります。

（解決策） ここでは、可能性があり、まだ十分に活用されていない「地熱エネルギー」をとり上げます。地熱のもとになるマグマは通常、火山の噴火や地震などの災害をもたらしますが、このエネルギーを逆利用するのです。それにより、噴

■表3　再生可能エネルギーの資源量評価（UNDP et al.,2000）

資源	現在の利用量	技術的利用可能量	理論的賦存量
水力	10.0	50	150
バイオマス	50.0	＞250	2,900
太陽エネルギー	0.2	＞1,600	3,900,000
風力	0.2	5,000	6,000
地熱	2.0		140,000,000
海洋エネルギー	—	—	7,400
合　計	62.4	＞7,500	＞143,000,000

出所：江原幸雄著、『地熱エネルギー ―地球からの贈りもの―』、2012年、オーム社、p.50より

火を沈静化できる可能性もあります。

現在、日本の地熱発電量は国内全体の発電量の〇・一％にも満たないですが、火山大国としては積極的に開発を進めるべきです。世界的にも、エネルギーの利用可能性や存在量（賦存《ふぞん》量）からみて、ほかの自然エネルギーをはるかに凌駕するといわれています（表3）。

地熱発電所は建設コストがかかる一方で、一旦設置すれば、きわめて長期にわたりエネルギー供給可能な

ので、投資は確実に回収可能です。

現在は地中から噴出する高温水蒸気を利用した発電法が主ですが、マグマそのものの熱を利用する「マグマ発電」の実用化も期待されます。

日本の地熱発電の開発が遅れている理由の一つとして、地熱発電に適した地域が温泉の出る観光地であり、八割が国立公園・国定公園の地下にあるために開発が認められないということがありました。（二〇一五年八月、環境省が区域外から斜めに井戸を掘ることを認める方針を出した。これで地熱発電開発の前進が期待される）。

このように、災害をもたらすほどの自然エネルギーは莫大なエネルギー量を持つため、これを利用するという逆発想は、未来産業を興していくうえでも重要です。

エネルギー問題に関しては、大川総裁が『「未来産業学」とは何か』三八ページから五一ページにて言及されているので、参照してください。

◆課題③ 宇宙技術の開発

ここからは、不足を補う方向ではなく、未来産業として切り拓くフロンティア領域について考えます。最初にはずせないのは、「宇宙技術の開発」です。

日本人宇宙飛行士が国際宇宙ステーション（ＩＳＳ）にいくのは、珍しくなくなりつつあります。将来は「月面ステーション」の建設や、有人惑星探査も当たり前のようになっていくと思われます。

また、特殊訓練を受けた宇宙飛行士だけでなく、一般の人も宇宙に出ていくようになることはまちがいありません。アメリカの企業からはすでに、一般人を乗せるサービスが発表され、乗客の募集が始まっています（※）。

技術の進歩により費用もしだいに低下し、安全な宇宙旅行ができるようになるでしょう。そして、アメリカのように、一般企業が宇宙に参入していく流れが続くはずです。「宇宙ビジネス」が一般化し、裾野が拡大していくものと思われます。

※ たとえばヴァージンギャラクティック社 http://www.club-t.com/space/ や、二〇二六年から火星移住するというマーズワン計画 http://www.mars-one.com/ など。

宇宙技術の開発により、「移動スピードを劇的に進化させる」「防衛力の向上によって、戦争の抑止力となる」など、具体的な応用効果も大いに期待できます。

◆課題④ 理論物理学の研究

理論物理の分野においても、不明なことはたくさんあります（二一五ページ参照）。これらを解明するには、これまでの延長線上で考えるのでは限界があります。たとえば「超弦理論」のように、三次元を超えた概念を含む理論や発想が必要です。その突破口となるヒントは、幸福の科学の霊界思想にあります。宗教では実在が確認されている「高次元」の存在を、現代物理学に翻訳し、三次元で検証できる形に導き出せるかといった課題に応えていく必要があるのです。

光の速度を超えて宇宙航行するという「ワープ航法」も、すでに現代物理学では理論として考案されています。なかでも、キップ・ソーン（カリフォルニア工科大）らが考え出した「ワームホール」理論は、三次元を超えた世界を前提に考えられており、映画「インターステラー」などでも映像化されました。とはいえ、幸福の科学教学からみれば、この理論はやや不十分に思われます。

また、現時点ではSFのように考えられている「タイムマシン」も、理論物理学の世界では真剣に研究されています。高エネルギーのレーザー光をリング状に循環させるという状況を「アインシュタインの方程式」にあてはめると、中央部の重力場が変化し、時間の進み方が変わる「タイムマシン」ができるという説があり、実験も準備されつつあるようです（※）。

時間を超越する理論は、実は、幸福の科学では宗教的秘儀としてすでに実証されています。二六〇〇年前に生きた釈尊が、神通力《じんつうりき》によって過去世《かこぜ》や未来世《みらいせ》を見通したように、大川総裁は、過去世リーディングや未来世リーディングを行い、その様子を映像や書籍で開示されているのです。リーディングの際に時空間を超えるメカニズムについては、今後、科学の面からも解明する必要があるでしょう。

※ロナルド・L・マレット＋ブルース・ヘンダーソン著、岡由美訳、『タイム・トラベラー　タイム・マシンの方程式を発見した物理学者の記録』、二〇一〇年、祥伝社、第11、12章参照。

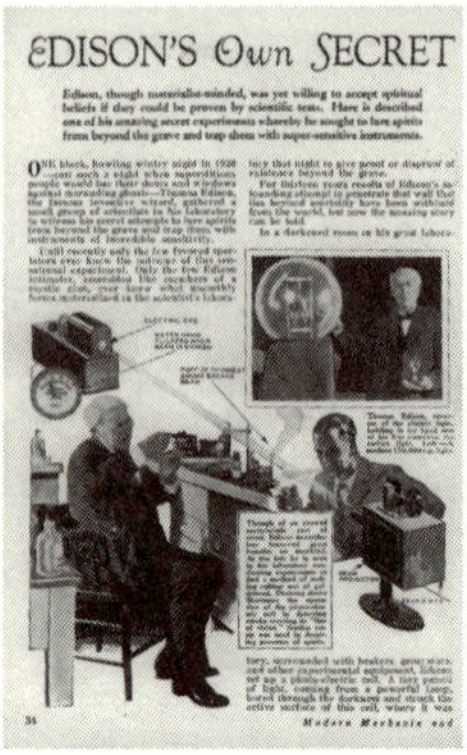
EDISON'S Own SECRET

Edison, though materialist-minded, was yet willing to accept spiritual beliefs if they could be proven by scientific tests. Here is described one of his amazing secret experiments whereby he sought to lure spirits from beyond the grave and trap them with super-sensitive instruments.

■図3

これも、高次元を扱う理論になるはずです。高次元の時空について探究する必要性について述べてきましたが、ここで、エジソンが霊界について探究しようとしていた例を紹介します（図3参照）。

これは、アメリカの技術雑誌（※）に、エジソンが発明した電球と共に、霊を探知する「幽霊探知機」についての研究が紹介されたものです。その仕組みは、映写機のような装置（図の右下）から光を発し、受光器（図の左上）で光の強度を測定するものです。途中で光を遮るものが何もない状況で、もし、光の強度が変化したならば、霊を検知したことになるということのようです。原理的には防犯センサーと同じで、現代の技術からみれば簡単なものですが、これを幽霊のセンサーとして利用しようとエジソンが発想していたという事実は見逃せ

※ Modern Mechanix, Oct., 1933

ません。

エジソンはさらに「霊界通信機」も考えていたといわれており(※)、その詳細は膨大なエジソン・ノートのなかにあると思われます。

本節では、未来産業学として解決しようとしている、人類が抱える問題の一部について、概説しました。

2. 新しいものを創造する

◆未来に貢献する心

大川総裁は、ＨＳＵを創るにあたって、このような方向性を願いとして発信されました。『新しき大学の理念』の二〇ページです。

※ 浜田和幸著、『未来を創る エジソン発想法』、二〇〇九年、幸福の科学出版、第12章参照。

「『新しい創造』を含んだものをつくっていきたい」と思いますし、「『創造性』『チャレンジ』というものを中心に据えた学問を、教授と学生が協同しながらつくり上げていくようなものにしたい」と考えています。（中略）

キーワードとして、「新しい創造」や「未来への貢献」を挙げたいと思います。

特に未来産業学部に対しては、『未来にどんな発明があるとよいか』のあとがきにあるように、非常に大きな夢を託されています。

幸福の科学大学の未来産業学部でも、ぜひとも世界初の発明・発見をしてほしいと思う。日本からノーベル賞をバンバン出そう。なに、そんなに難しいことではない。人の役に立つことで、未来の創造に貢献すれば、それでよいのだ。

建学の精神にある「新文明の創造」を実現していくために、「世界初の発明・発見」をし、「ノーベル賞」を受賞することは必要でしょうが、「このハードルを飛び越えることは並大抵ではない」と、身構えてしまうかもしれません。しかし、その実現のために必要なものを、大川総裁は教えてくださっています。それは、「人の役に立つ」と「未来の創造に貢献する」という心構えです。前者は「愛の心」、後者は「未来に貢献する心」「未来志向」といい換えてもよいでしょう。

この二つのマインドを把持《はじ》し、努力を続けていったならば、人類の幸福や、新文明の創造に貢献する成果が得られると、強く信じていただきたいと思います。HSUでは学生と教員が一体となって、人類の未来に対して責任を果たしていきたいと考えています。

次に、そのとり組みの具体例を挙げます。

◆起業家的才能を磨く

未来産業学部の学生には、その名の通り、未来産業を創出していくことが期待されます。理系的発明・発見をなし、新しく会社を起こすこともあるし、メーカーなど企業に就職し、研究開発に従事することも含まれるでしょう。

いずれにしても、事業家的才能や経営マインド、経営の知見を有することは、企業や産業を発展させるうえで非常に重要です。大川総裁は、『「未来産業学」とは何か』の二六ページから二七ページにこのように述べられています。

幸福の科学大学の理系学部においては、理系の研究者的な面もあろうかとは思いますが、同時にまた、「企業家的才能」もある人をつくっていきたいと思っているのです。（中略）

実際に企業へ乗り込んで自分のプランを説明し、「これが、十年後、二十

年後、五十年後に、どれほど大きな国の富となるか。会社の富となるか。世界の富となるか」ということを説得できるぐらいの人材であっていただきたい。そういう意味での協賛を募れるほどのネゴシエーション力を持ち、かつ、それを現実に実現していく力を持った理系人材であっていただきたいと思います。

日本には、技術力がありながら外国にシェアを奪われた製品も少なくありません。たとえば、携帯型音楽プレーヤー。日本にも開発するだけの技術は十分にありましたが、実際はアップル社が iPod として世界に広めました。シャープが持っていた液晶テレビの技術はきわめて高度でしたが、現在は韓国メーカーにシェアを奪われています。

つまり、成功を続けていくためには、技術力だけでなく、知財戦略や経営戦略も含めた経営力が不可欠なのです。そのなかには、経理や財務の思考法や知識も入ります。

未来産業学部の皆さんには、ほかの大学の場合であれば、大学院で学ぶような「技術経営」という学問分野の基礎的な部分を学んでいただきます。また、経営成功学部の科目を履修することもお勧めします。新しいアイデアを生み出すだけでなく、経営成功論と組み合わせて富を創造することが期待されるからです。

◆若くして起業した成功者たち

日本の起業家は、アメリカと比べるとまだ数は少ないと思われます。しかし、今後は、付加価値を生み出す創造性の高い人材が必要不可欠となってきます。

大学生が起業し、大成功した有名な事例はいくつもあります。ハーバード大学在学中にコンピューターソフト（ＢＡＳＩＣ）をポール・Ｇ・アレンと共に開発し、退学してマイクロソフト社を立ち上げたビル・ゲイツ。スタンフォード大学博士課程に在籍中、グーグルを立ち上げたラリー・ペイジとセルゲイ・M・ブリン。マーク・ザッカーバーグは、ハーバード大学在学中に学生版SNS（ソーシャル・ネットワーキング・サービス）を立ちあげ、大学中退後、フェイスブックに改め、拡大させました。いずれも、異常な熱意で会社を立ち上げ、成長させており、その成功物語は多くの書籍や映画でも紹介されています。

必ずしも学生時代に起業することを強く奨励するわけではありませんが、少なくとも、新たなものを創造するマインドは、卒業後も常に持ち続けていただきたいと思います。

理系的素養を持った人が新しい技術を創造し、それが種となって大きな企業が誕生した例は多くあります。たとえば、自動織機を開発し、のちに巨大自動車メーカーとなったトヨタの前身を築いた豊田佐吉、二股《ふたまた》ソケットなどを製造・販売して松下電器（現パナソニック）を創業した松下幸之助、トランジスタラジオを世に出したソニーを創業した井深大《まさる》、盛田昭夫などです。アップル・コンピューターやiPod、iPhoneなどを開発したアップル社は、スティーブ・ジョブズが二〇代で創業しました。電球、蓄音機など、多数の発明をし、現在のＧＥ社を創ったエジソンも巨塔の一人です。

このような先人たちの心意気に学び、未来産業を創り出す人材がＨＳＵから数多く輩出されることを期待しています。

column

プレゼン実習

未来産業学部の授業では、経営や事業化に役立つ教育も行っている。序章で紹介した「クリエイティブ・ミーティング」を例に、学生へアドバイスした要旨を紹介する。

i 方向性

このプレゼンは、授業における課題発表や、学会での研究発表を想定するものではなく、実社会で行われることを想定して臨んでほしい。たとえば、メーカーなどに就職し、自部署で開発した技術を商品化するかどうかの検討会議での発表、あるいは、技術を実用化するために投資家から出資を募るためのプレゼンなどである。

ii ガイドライン

プレゼンの手本として、「TED」(※)でなされている講演会を挙げたい。このうち、新しい技術やアイデアを発表しているものを参考にする。ストーリーをつくるうえで参考となるシンプルな「柱」として、以下を示す。

a 現状、問題点の提示

b 提案する新しい方法、および印象的な名称

c 特徴、メリット、魅力

d 将来性、希望など

e 聴衆へ訴える結び

iii プレゼンのポイント

理系の学生・教員はおもに、技術面に関心がある。しかし、プレゼンするおもな対象は、ミーティングに参加する経営成功学部の学生である。したがって、留《りゅう》

※ Technology Entertainment Design (TED)の主催するTED Conferenceでは、さまざまな分野のアイデアについて、その道の一流どころによるプレゼンテーションが行われる。その中身のみならず、聴衆を魅了するプレゼン技術にも注目が集まっている。

意《い》すべきは、彼らがどのようなことに関心を持つかを考えないといけない点である。たとえば、提案する商品にニーズはあるか。コストはどのくらいか。競合するものはあるか。どのくらい販売が見込めるのか。要するに「儲かるか」という面からも、内容を練り込むこと。

以上のようにアドバイスし、毎週授業が終わったあとに、プレゼンの練習を六回ほど行った。一人ずつ発表し、発表者同士で、技術的に詰めの甘い点を指摘したり、もっとよいアイデアがあれば提案したりした。未来産業学部の教員も交代で発表の練習に立ち合った。

発表の前日は本番と同じ会場で練習を行い、万全の準備を整えた。

ミーティングには、経営成功学部の学生のみならず、発表を志望しなかった未来産業学部の学生も参加するよう案内した。当日、参加者からは、発表内容に関する質問のみならず、改善提案や付加価値を高めるような提案が多数出て、議論は非常に活発となった（「序『クリエイティブ・ミーティング』」参照）。

入学して一、二カ月ほどで内容を考え、三カ月目に発表したものにしては、非常に内容が充実しており、実用新案として申請できるものや、本格的に進めたならばビジネスに展開できるレベルのものもあるように感じられた。

今後も経営成功学部とのコラボ企画を開催し、新たな産業の創出をねらいたいと考えている。

◆新しいものを創造する

起業の種となる新製品など、新しいものを生み出すのが未来産業学部です。大川総裁は、『未来にどんな発明があるとよいか』にて、

●ＨＳＵで工学部系統のものをつくる場合、「未来産業」ということであれば、「発明学」的なものが中心になる。

●「奇想天外なものをつくる」ということも大事ではあるが、基本的には、「現在ただいまにあるものに着目し、それをより変化させることで便利にならないか」という着想から入るべきだと思う。

●それが、ローコストで、実績を生み、役に立つ形になる。

などを語られています。詳しくは一四〇ページから一四一ページを参照してください。

新しいものを創造するためには、柔軟な発想で創意工夫し、トヨタ自動車で有名な「改善」を進めることも重要です。

さらに、『創造の法』のあとがきでは、

何が面白いって、この世に新しい価値を生み出すことほど面白いことはない。人がやってないことをやる。まだ世の中にないものを創り出す。わが子の代には『常識』になっているであろう『非常識』を、現在ただ今の中に見出す。

さんざんバカにされ、冷笑されつつも、一心に努力し、二十年後には、世界中から尊敬されている自分を発見する。実に痛快ではないか。

既成のエリート・コースからドロップ・アウトして、新しいエリート・コースを自分で切り拓く。まさに人生の醍醐味はここにつきる。奇人・変人を尊敬し、自らも誇り高き奇人・変人となろう。「素晴らしいヘソ曲がり」にならなければ、勇気をもって、新文明の旗手になんかなれない。恐れる心を捨てて、チャレンジしていこう。

と語られています。

ＨＳＵの学生には真面目であってほしいとは願っていますが、同時に、奇人・変人であることも奨励したいと思います。もちろん、私たち教員も、そうであることを求められますが……。

いずれにせよ、新しいものを創り出そうという気風に満ちた学部でありたいと考えます。

◆インスピレーションを得ることの大切さ

天才とは、一％のひらめきと九九％の努力である。
(Genius is one percent inspiration and ninty-nine percent perspiration.)

これは、発明王エジソンが遺したといわれる有名な言葉です。努力の大切さを語っているようにも読めますが、エジソンの真意は別のところにあったといわれています。すなわち、努力はもちろん不可欠ですが、そこに一％のインスピレーションがあって初めて、天才的発明が生み出せるという意味です。

発明や発見をもたらすインスピレーションは、どこからくるのでしょうか。

幸福の科学教学では、これは宗教的悟りに付随するものと説明されています。正しいインスピレーションは、正しい宗教修行のなかで、守護霊、指導霊から与えられるものなのです。

科学の歴史において、インスピレーションが大きな貢献をした例は少なくありません。

ケクレがベンゼン環の化学構造を思いついたのは、寝ている間にみた夢がヒントになったといわれているし、数学者、岡潔も、トンネルを抜け、海辺に出て、視界がパーッと開けた瞬間に、難問が解けたと自伝に書いています。インドのラマヌジャンは信じられないような難解な数式をいくつも生み出しており、それらは夢でみる神様のお告げのおかげであると語っています。

こうした天才のインスピレーションは、「棚からぼた餅」のように待っているだけで得られるわけではありません。難問を考え続けたり、実験を繰り返したりするプロセスが重要で、この地道なプロセスを経てこそインスピレーションが得られるという共通項があるのです。

『創造の法』第4章「インスピレーションと自助努力」には、インスピレーションを得るための条件が挙げられています。

（1）勤勉な努力家であること

（2）異質な分野にも踏み込んで、コツコツと努力すること

（3）一定の情報遮断と情報収集とを見事に使い分ける

これをいかに実践していくかについては、宗教的修行も関係してくるものですが、ここでは省略します。原則として、「自力あっての他力」という考え方を忘れずに押さえておいてください。

数学者ポアンカレも、馬車の階段に足をかけた瞬間に数学上のヒントが浮かんだとか、断崖の上を散歩しているときや、大通りを横切っている瞬間に新たな考えが浮かんだといわれています。数学上の発見について自ら分析し、次のような趣旨のことを述べています。

天啓（霊感）に先だって、無意識的な活動が行われている。
無意識的活動は、意識的活動が先立ち、また、後に続く場合にのみ可能。

これは、ポアンカレが『科学と方法』で述べている内容です（※）。

つまり、数学的発見のプロセスとして、まず模索し、努力する期間があり、次に「無意識的活動」があって、それから「天啓」が降り、その後、それを検証するために努力する期間が続く、といっています。「天啓」「霊感」「無意識的活動」という言葉をポアンカレが使っていることも興味深いと思います。

未来産業学部では、発明・発見をなしていくために、インスピレーションを得ることも重視しますが、その前提として、「勤勉な努力家」であることを忘れてはならないと考えます。基礎的な学力を身につけることを怠らず、また、エジソンが不眠不休で研究に没頭した姿勢にも見習い、努力する姿勢を重視していきたいと思います。

※ ポアンカレ著、吉田洋一訳、『科学と方法』、一九五三年、岩波文庫、p.60-

3. フロンティアにチャレンジする

◆「今のあり得ない」を次の時代の常識にする

前節では、「幸福の探究」として新しいものを創り出していくことについて述べました。

一方で、未来産業学部にはHSUの建学の精神の後半部分、「新文明の創造」に貢献する使命もあります。これは、改善や創意工夫よりも、もう少し根源的な法則や原理を発明・発見していこうという、いわば「フロンティア」に挑戦するものです。大川総裁はこのように述べられています。『「未来産業学」とは何か』二四ページから二五ページです。

ほかの理系学部が「非現実だ」「空想だ」「そんなことありえないよ」など

と言って、まだあまり手が出ないようなところにチャレンジしていかなければ、やはり、新しい学部をつくる意味はないのではないかと、基本的には思っています。

すなわち、「今はまだ、この世にはほとんど存在していないもの」、あるいは、「『こんなものがあったらいいな』といった端緒《たんしょ》、きっかけのようなものはすでにあっても、まだかたちにはなっていないもの」、要するに、正式に、カチッとした〝産業のレール〟の上を走っていない、そうした分野を開拓せずして、新しい大学で未来産業学部をつくる意味などないと考えているのです。

要するに、「二十一世紀まで来た人類として、少なくとも理系頭脳を有している人ならば、興味関心を持ち、惹かれてしかたがない」というようなところに対しては、徹底的に斬り込んでいくのが基本姿勢です。

前述したように、未来産業学部の研究テーマには、霊界科学やＵＦＯの飛行原理、宇宙人なども射程に入っており、これらはいわゆる「トンデモ」の部類に入るようにもみえます。しかし、科学の歴史を振り返れば、現代の科学で通説となっているものでも、発表当初は奇異な目でみられた学説が少なくありません。

たとえば、「大陸移動説」が発表されたときには、そうとう非難を受けたそうですが、今では、認知されつつあります。

「超弦理論」も、高次元を扱っているために、当初は異端視されたようですが、現在では、一年間に千のオーダーの論文が世界で発表されるほどホットな研究テーマとなっており、理学部の大学院でも本格的に教えています。

「地球外生命」、いわゆる「ET」についても、SFの世界だけの話だろうと思っている人は、かなり科学的教養の低い人か、もしくは、イデオロギーとして拒否している人であると断言できます。地球に飛来した隕石に生物の痕跡がないかどうかは十年以上も前から調査されているし、先述した通り、NASAは太陽系外に生命の住める地球型惑星を探すべく宇宙望遠鏡「ケプラー」を打ち上げ、二〇一〇年以来、すでに千個以上の惑星を発見しており、地球外生命の生存を検証するための基礎データを続々と地球に送ってきています。まだ高等生物が生存している直接的な証拠をみつけた訳ではありませんが、地球外生命がいることを前提にした研究を、アメリカの国家予算で進めているのは事実なのです。

二〇一五年四月、ＮＡＳＡの科学者は、「十年以内に地球外生命体の有力な兆候がつかめるだろう」とまで述べています。

このように、ある時代では理解しがたいテーマが、それが次の時代の常識になることは、科学の世界では少なくありません。

◆神の創られた世界の探究

現在、科学で実証されているものの度合いを大ざっぱに分類すると、

「疑似科学」⇩「フリンジサイエンス」「プロトサイエンス」⇩「科学」

といわれています。「フリンジサイエンス」や「プロトサイエンス」は、「周辺科学」や「未科学」などともいわれ、まだ、科学者の世界で定説として認められてはいないものを指します。大学の理学部などで教えている「超弦理論」もここに入るという人もいます。

最後の「科学」は、知識体系が確立され、教育するにふさわしいと認められた理論や、実証し、確定された科学であり、教科書に掲載されるような内容です。とはいえ、ニュートン力学がアインシュタインの相対性理論によって補正されたように、「科学」の領域であっても、必ずしも最終的に確定されたものとはいえません。

いずれにせよ、現在「疑似科学」や「フリンジサイエンス」といわれている領域のなかに、未来の科学の種が眠っているといっても過言ではないのです。

未知なる領域を解明し、探究しようとする姿勢こそ、科学の持つ本質的姿勢です。その探究姿勢は「神の創られた世界の探究」といってもおかしいものではないし、むしろ、フロンティアを拓こうとチャレンジしている科学者こそ、一流の人物といえるでしょう。

こうしたニューフロンティアを拓くためには、数学や物理、化学などの基礎的な学問を押さえておかなくてはならないことは、いうまでもありません。ニュートンが、「巨人の肩に乗る」と表現したように、過去の偉人たちが創り出し、蓄積した知恵を学び、その上で新たな発明・発見を加えていくことが大事です。過去の知見にとらわれ過ぎずに、それを足場として、次に進んでいくことです。

最後に、未来産業学部の学生が忘れてはならない精神を、創立者の言葉から受けとめ、講義を締めくくります。

創立者としての私の願いは、「フロンティアに向かって突き進み、切り拓い

ていけ」ということです。つまり、「フロンティアを目指せ。すでにあるものを、ただ使うだけの理系であれば、つくる必要はない。『これから新しいフロンティアを必ず拓こう』と思え」ということなのです(※)。

※『「未来産業学」とは何か』p.118

5 an overview of Future Industry Satudies

(ふくい・ゆきお)

1950年生まれ。福岡県出身。1985年東京大学大学院工学系研究科機会工学専門課程(博士課程)修了。博士(工学)。大手総合電機メーカーや通商産業省工業技術院製品科学研究所研究員、同省生命工学工業技術研究所主任研究官を経て、1998年から筑波大学教授電子・情報工学系、同大学大学院システム情報工学研究科コンピュータサイエンス専攻教授、同大学システム情報系教授を歴任。2014年、筑波大学名誉教授となる。HSU未来産業学部ディーン。著書に『「未知」への挑戦』(幸福の科学出版)がある。


(いけだ・ひろき)

1970年生まれ。大阪府出身。大阪大学大学院工学部工学研究科通信工学専攻(前期博士課程)、電気電子情報専攻(後期博士課程)修了。博士(工学)。1995年日立製作所に入社し、光長距離伝送システムなどの研究に従事。現在、フリービット研究開発担当執行役員CQO 兼 HSUビジティング・プロフェッサー。おもな著書、論文は、「PON技術を用いたIPTVサービスの実現と課題」(電子情報通信学会)。


(たかさき・かつや)

1958年生まれ。熊本県出身。草地畜産高等研修所(現・熊本県立農業大学校)卒業後、農業に従事。20年で作付面積を20倍の110ヘクタールに拡大するなど農業技術の向上に努める。現在、AGL代表取締役のほか、佐賀大学大学院工学系研究科(博士後期課程)在学中、植物工場において数々の特許を取得し、技術指導にもあたっている。HSUビジティング・プロフェッサー。

第 6 限 *Future Industry and Industrial technology*

未来産業と産業技術

福井幸男　池田博樹　髙﨑克也

未来産業学部１年次前期必修科目である。各分野の研究者・専門家を招き、オムニバス形式で行う。さまざまな産業の概要を学び、２年次以降、専門的な研究に入る際の土台づくりを目的としている。本講義録は、15回の講義のうちの３回を抜粋し、短縮版にまとめ直したものである。

1. さまざまな産業技術について学ぶ

福井幸男

当学部は未来産業の創出を目指していますが、その手がかりとして、現在の産業技術やその学術的背景などを学び、技術的な問題、産業化への課題を考察することで、技術経営に関する知識を得ることを目的としています。それにより本学部における履修の考え方と履修モデルを理解し、四年間の学修を深めることができると期待しています。

現代の産業界には多くの分野があります。本科目では、そのなかでも産業の基盤となる機械、電気・電子をはじめ、情報、化学、物理、生物、宇宙科学などの基礎科学から、社会基盤、ライフライン、インフラに関連した基盤技術や最先端の科学技術動向をスポット的に学ぶことになります。具体的には、これから伸びていくことが期待できそうな新材料関連、食品科学関連、宇宙産業関連、情報処理関連、自動車産業関連、防災産業関連、植物工場関連など、ものづくりに関する産業分野の現在の状況などです。

さらに、技術経営的なセンスを身につけ、起業家精神を養うために、シリコンバレーの新産業群の話題をまとめました。これらは、未来の産業や社会に貢献する精神を育成することにつながると思われます。

そして、知的活動により生み出された新しいアイデアの知的財産的側面の重要性、特許や商標権なども学びます。知的創造物や営業標識についての知識を持っておくことが、アイデアを製品化するときに特に重要になってくるからです。

いずれのテーマも序論程度まではありますが、一年次の前期、全十五回の授業としては、かなり充実した内容になっています。

本講義録には、そのなかから、三つのテーマを収録しています。一つ目は、起業家精神の生きた教材として、「シリコンバレーで起業して世界的情報関連産業に成長した企業の歴史や考え方」の話題。二つ目は、将来の食糧危機の問題に対処するための新技術開発を目的とした、「植物工場」関連の話題。そして三つ目は、インターネットの普及により情報が増え続けるなかで、情報社会の向かうべき方向と、それに沿った情報技術のあり方はどうすべきかを、現在の学問分野の広がりを参考に考える「情報産業」の話題です。

今回、残念ながら紙面の都合で割愛《かつあい》したものに、「材料開発と信頼性評価」「トウガラシの機能性と食品科学の未来」に関する話題もありましたので、簡単に紹介します。

材料開発と信頼性評価の回では、おもに「スマート材料」といわれるものの開発について紹介されました。工業材料は構造材料と機能材料に大別されてきましたが、それが一体化した知能材料、スマート材料の開発が進んでいます。素材で分類すれば金属、無機材料、有機材料に分かれますが、これを組み合わせたハイブリッド材料、構造的に組み合わせた複合材料なども紹介されています。そして、材料の製造、加工、経年劣化などの検討や、基本特性を説明しています。特性の信頼性を保障しているのは、非破壊検査によるものだということです。

また、トウガラシの機能性と食品科学の未来については、以下のような講義でした。トウガラシの辛みの成分であるカプサイシンの起こす生理作用について、感覚神経レベルから受容体の働きを説明しています。ラットやマウスを使った実験結果の生理的変化から、類似の受容体刺激物質であるわさび、ミョウガ、ドリアンなどの受容体への働きについても言及しています。そして、新たな加工法や貯蔵法の開発が、人類への貢献につながるという期待で結ばれます。

どちらも、高校卒業直後の学生にはハイレベルな内容を熱心に講義してくださり、学びになると共に、とてもよい刺激を受けたようでした。

未来産業学部は、「幸福の探究と新文明の創造」という建学の精神を現実化するために、新しい研究にとり組み、未来産業を次々と生み出していきます。ここに収録した内容は、そのための小さな一歩にすぎませんが、限りなく大きな理想の一端を、垣間見ていただくことができればと思います。

なお、編集に際して、専門的な内容はできるだけエッセンスを述べるに留めましたが、一部、文系の読者には馴染みのない単語や、難しい説明があるかもしれませんが、ご容赦ください。

2. スタンフォード大学とシリコンバレーの歴史に学ぶ企業家精神

池田博樹

◆シリコンバレーの歩み

最近の研究結果によると、「六五%の幼稚園児は今存在していない職業に就く」（※）と予測されています。これはつまり、「十五年後には新たな職業が創造されてい

※ Education Needs a Digital-Age Upgrade, http://opinionator.blogs.nytimes.com/2011/08/07/education-needs-a-digital-age-upgrade/

る」という意味です。

また、十年後には消えている職業の予測も発表されています(※)。コンピュータの技術革新が予想以上の勢いで進むなか、これまで人間にしかできないと思われていた仕事がロボットなどの機械によって自動化されていくからです。

① シリコンバレーの頭脳、スタンフォード大学

この二〇年で最も付加価値を産み、新たな産業、新たな職業をつくり出した地域があります。アメリカのシリコンバレーです。有名なベンチャーが起業しているだけでなく、世界的な企業も研究開発拠点を設置しています。そして、このシリコンバレーで頭脳的役割を果たしているのが、スタンフォード大学です。

スタンフォード大学は、一八九一年、鉄道王リーランド・スタンフォードにより設立されました。ときはまさに西部開拓時代です。一八六二年にリンカーン元大統領による太平洋鉄道法が可決され、一八六九年にサクラメントまでの鉄道が開

※ 現代ビジネス、http://gendai.ismedia.jp/articles/-/40925

通した頃のことです。

一九三〇年、スタンフォード大学にフレッド・ターマン教授が就任しました。この頃から、シリコンバレーの新しい歴史が始まります。

当時、東海岸には働き口として有名大企業があったのに対し、西海岸には働く場所がありませんでした。そこで、ターマン教授は、学生たちに大学周辺で起業するように勧めたのです。一九三七年、学生であったビル・ヒューレットとデイブ・パッカードがその地で起業します。それが、ヒューレット・パッカード（HP）社です。HP社はその後、大企業になり、シリコンバレーの発展に多大な貢献をしました。

② 半導体の歴史

「シリコンバレー」という通称の由来は、パソコン、インターネット、WWW（World Wide Web）などに関連した、シリコンを主材料とする半導体を扱うメーカーがたくさん集まっていることにあります。

一九四七年にトランジスタが発明され、一九五五年にウィリアム・ショックレーがショックレー半導体研究所を設立しました。その研究スタッフには、フェアチャイルドセミコンダクター（一九五七年創業）の創業者や、のちに「ムーアの法則」で有名となるゴードン・E・ムーアもいました。ムーアは、一九六八年にインテルを創業し、一九七一年に世界初のマイクロプロセッサー4004を発表。このプロセッサーが、パソコンの頭脳として使える可能性を示したのです。

③パソコンの歴史

マイクロプロセッサーが発明されてから数年後の一九七六年、シリコンバレーでスティーブ・ジョブズがアップルを創業しました。彼はHP社でインターンをし、早くからホームコンピュータ分野に注目していたのです。

アップルは一九七七年にアップルPCを発売し、追って東海岸ではマイクロソフトとＩＢＭ連合が新しいＰＣを発売しました。ここから、パソコンの急激な発展が始まったのです。

④インターネットの歴史

パソコンが普及し始めた頃、パソコン同士をつなぐ試みが行われ始めていました。一九八二年にスタフォード大学の学生であったアンディ・ベクトルシャイムは、ＳＵＮを設立。ＳＵＮとは、Stanford University Network の頭文字をとって名づけられています。一九八四年には、スタンフォード大学からシスコシステムズが設立されます。

このように、ほぼ同時期にシリコンバレーで、インターネット機器業界のガリバー二社が設立されたのです。

⑤ＷＷＷの発明

パソコンがネットワークにつながり始めると、使いやすいインターフェースが望まれるようになっていきます。

一九九四年、スタンフォード大学のジム・クラーク教授がネットスケープを設立します。さらに一九九五年、スタンフォード大学の学生であったジェリー・ヤンがヤフーを創業し、一九九八年にスタンフォード大学の博士課程に在籍していたラリー・ペイジとセルゲイ・ブリンがグーグルを創業。

このように、シリコンバレーの企業群によって、現在のインターネットの基礎的なモデルが確立されてきました。

大学と企業が連携することで新しい技術やアイデアから製品が生み出され、雇用も生まれています。結果、新しい産業に転換していく生態系が確立されます。

これは、新しい大学のあり方として、ＨＳＵでも参考にすべきモデルであるといえます。「何を開発すればその業界のゲームチェンジができるか」を考え、リスクをとってでも挑戦すべきです。大学から企業に教授を派遣したり、教授と学生のタッグマッチで産業を盛り上げたり、柔軟な考えで新しい大学をつくっていくべきであると考えます。

◆シリコンバレーの基本的な考え方

ここで、シリコンバレーから生まれた代表的な考え方を三点紹介します。

①ムーアの法則

第一は「ムーアの法則」です。これは、集積回路の経験則のことであり、その公式は、「集積回路上のトランジスタ数は、十八カ月ごとに約二倍になる」というものです。要するに、CPUの処理速度はときと共に高速になり、メモリ容量も大きくなるということです。その結果、指数関数的に技術革新が継続され、パソコンやスマートフォンのパフォーマンスが向上すると共にコストも低減されていくという、技術の将来予測として使うことができます。

② シンギュラリティ

第二は「シンギュラリティ」です。シンギュラリティとは、「ムーアの法則で技術革新が指数関数的に継続すると、いずれ人工知能が人間の知能を超えてしまい、その時点で経験則による未来予測ができなくなる、その限界点」を指します。日本語では「技術的特異点」と呼ばれます。

最も有名なレイ・カーツワイルの予測によると、技術的進歩は昔から指数関数的に進歩しており、特異点の時期を二〇四五年としています。この過程で、人間から人工知能に代わる職業もあり、ロボットが人間から雇用を奪うことも予測されています。逆にいえば、自動化されていく職業にはビジネスチャンスがあるともいえます。

③ リーンスタートアップ

第三に「リーンスタートアップ」という考え方です。リーンスタートアップは、従来のように緻密なマーケティング調査に基づいてビジネスプランを練り、プロダクト・サービスを開発するという手法とは異なります。最低限の機能で素早くコンセプトを開発し、顧客の反応を反映させながらプロダクトやサービスを改善していく新しい手法で、「構築→計測→学習」というサイクルです。

このなかで、「何の課題を解決しているのか」「顧客は本当に存在するか」などを検証していきます。つまり、解決すべき課題や問題が大きいときにこそ、そのプロダクトやサービスは価値を持ち、大きく広がっていくということがいえます。

ここで重要なのは、アイデアそのものだけでなく、"A prototype is a tangible hypothesis"（試作品は主体のある仮説である）という考え方です。

◆シリコンバレーの新トレンド

また、新製品を提供していくための考え方（新プロダクト・サービスと呼びます）として、「融合」「シンプル化」「テクノロジー」が新たなトレンドとして挙げられます。

融合とは、「異業種同士の融合により、新プロダクトを発明する」という考え方のことをいいます。シンプル化とは「現在想定されるサービスやプロダクトから必要最低限な機能をだけを残し、ほかの機能を削減していく」という考え方です。先ほどの、多機能の携帯電話に対し、スマートフォンが登場したことは、その一例です。

そして、「テクノロジー」です。シンプル化する過程では、新しいテクノロジーが必要になります。スマートフォンでいえば、タッチパネルという新デバイスなどです。簡単なユーザインタフェースを実現しながらシンプル化する過程で、タッチパネルという表示デバイスと入力デバイスが一体になった新しい部品が開発されていきました。

こうしたテクノロジーの開発は、新たな産業の種になるものです。技術経営の観点からいえば、テクノロジーを実現できる時期を検討し、他社に先駆ける製品化を計画していくことになります。

さらに、ＨＳＵにおいては、「ゲームチェンジ」をねらう技術開発もするべきだと思います。つまり、「業界のルールを変えるほどの技術革新」のことです。

◆起業で成功するには

学生と社会人の違いは、消費者か生産者かの違いであります。学生は、授業料を支払って勉強します。しかし、社会人となると、給料をもらいながら勉強し、新しい製品を開発していくことになります。

両者は、一八〇度違う考え方であるため、大学時代であっても「消費者から生産者になる」ための意識づけが重要です。アイデアからプロダクトを開発するということは、その過程で技術や製品を開発し、結果として雇用も創造していくことであります。そして、自分でつくったプロダクトを使ってもらえる顧客を、集めなければなりません。

最初の顧客は自分自身です。まず、自分でよく使い、改善できるものがあるかを考えます。次に、社長自ら、百人の顧客を集めなければなりません。実際に自分で顧客を集め、特徴をアピールしやすいか、機能のよさが伝わっているかを感じながら、わかりにくいところを改善していくのです。

最近ではＭＶＰ（Minimum viable product）という考え方が注目されています。ＭＶＰとは、顧客がすぐ特徴を理解できるレベルの製品で、フィードバックループを回せる必要最低限の機能を持った製品のことです。ＭＶＰで顧客の課題を学習し、プロダクトに反映させていきます。また、顧客を集める方法としては、フリーミアムモデル(※)もあることを知っておいたほうがよいかもしれません。

駆け足ではありますが、スタンフォード大学とシリコンバレーの歴史を概説し、現在のシリコンバレーの考え方やトレンドを説明しました。これは、一つの大学から新たな産業が多数産出された一例ではありますが、このようなベンチャー企業の知識をとり入れ、アンテナを張りながら学ぶことで、より有益な学生時代を送ることができると思います。

HSUも、日本の首都圏において、かつてのスタンフォード大学のような役割を果たし、数々の未来産業を創り出していきたいと考えています。

※ 無料で基本的なサービスや製品を提供し、高機能な追加機能を有償でサービスするビジネスモデルのこと。

3. 植物工場の現状と可能性

髙崎克也

◆植物工場とは何か

植物工場とは、「施設内の温度、光、炭酸ガス、養液などの環境条件を自動制御装置で最適な状態に保ち、作物の播種《はしゅ》、移植、収穫、出荷調整まで、周年計画的に一貫して行う生産システムのこと」(※)です。従来の土地利用型農業においては生産不可能であった砂漠地帯や山岳地帯、寒帯地域においても活躍が期待されています。

近年、日本の植物工場は、栽培環境を自由に設定できる段階まで技術が進んでいます。肥料の養液設計、光(スペクトル、光合成有効光量子束密度、間欠照明)、二酸化炭素量、温度、湿度、蒸散速度、各種センサーなどが調整できます。また、

※「野菜をめぐる新しい動き 植物工場の可能性(一)」農林水産省ホームページ「aff」二〇一〇年二月号 http://www.maff.go.jp/j/pr/aff/1002/spe1_01.html

高機能性野菜の研究も進められており、養液栽培の欠点であった、低カリウムへの対策、硝酸態窒素の調整などの研究もかなりのスピードで進んでいます。環境及び生育のモニタリングを基礎として、高度な環境制御と生育予測を行うことにより、野菜などの植物の周年・計画生産、さらには多段式による生産性向上、閉鎖型ゆえに害虫その他の衛生管理も可能です。

一方、植物工場は、各社の技術差が非常に大きい分野です。現在稼働している植物工場の七五％は赤字だといわれていますが、これはその技術差によります。たとえば、グリーンウエーブというレタスの場合、M社では三五日で30～40ｇ収穫できるものが、A社では150～200gと、M社の約七倍収穫されます。成分量も、硝酸態窒素はP社の場合4.500ppm、A社の場合1.500ppm（ヨーロッパ基準は2.500ppm）を含みます。つまり、ノウハウや栽培技術が非常に重要視されるのです。

ちなみに私の植物工場では、閉鎖型植物工場養液栽培でジャガイモ、落花生を

■図1　植物工場の各栽培方法においての比較

閉鎖型植物工場の栽培システム

従来の露地農業、太陽光併設型の水耕栽培の技術に、建物内で環境を完全制御する技術を付加することにより、天候に左右されず大量安定生産できるシステム。

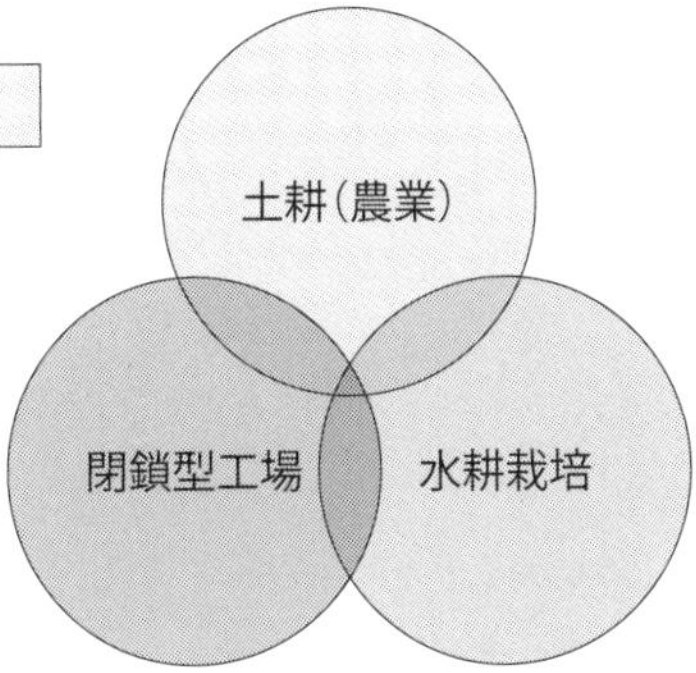

農業知識・技術

- 発芽（播種）技術
- 育苗管理
- 生理障害知識
- 生育管理知識
- PH、ECの知識
- とり頃の目利き

閉鎖型工場

- 人工光の照射
- 明期、暗期制御
- 温度（湿度・風）
- 二酸化炭素濃度
- 肥料の配合組成、PH、EC管理
- 播種、育苗、定植に応じた環境設定
- 多段式による生産性向上
- 工程管理
- 衛生管理

水耕栽培

- 品種に応じた、液肥の配合、組成
- 液肥の保管管理
- 液肥の循環サイクル

栽培しています。この栽培技術は、無重力環境でも使用可能性があります。ほかにも、樹脂やセラミックビーズの表面水を利用した栽培方法の紹介もいたします。農林水産省のホームページでは、植物工場は「天候に左右されることなく作物を周期的に安定供給でき、病害虫の被害を受けずにすむほか、高齢者や障がい者の方の雇用にもつながるなどの利点がある」と紹介されています。

◆植物工場のシステム

① DFT方式

DFT方式（図2上）は、養液に栽培パネルを浮かせて栽培します。別名「プール栽培」ともいわれます。この方式は栽培パネルの移動が簡単で、端から栽培パネルの投入ができ、反対側から収穫と人の動線移動が省力化できます。デメリットは、栽培パネルの隙間から光が入り、栽培パネルのジョイント部分にアオコが発生するため、衛生環境対策が必要なことと、養液温度による溶存酸素量の影響を受けやすいことです。

② NFT方式

ＮＦＴ方式（図2下）は、栽培プランターの上に栽培パネルを載せて栽培する方法です。栽培プランターの底に養液が流れており、養液の溶存酸素量の影響は受けにくいのですが、養液の全体量が少ないので、養液の流速によって大きく影響を受けます。栽培パネルに養液が触れないため、アオコの発生はなく、菌管理はしやすくなります。

養液栽培には、水耕（ＤＦＴ方式、ＮＦＴ方式、噴霧方式）と、固形培地（砂、れき、ロックウォール、パーライト、プラスチック、セラミックなどによる無機培地と、ピートモス、ヤシガラ、パーライトによる有機培地）があります。

図3は、植物工場基本システム（ＤＦＴ方式）です。ＰＨ（水素イオン濃度指

■図2　植物工場のシステム

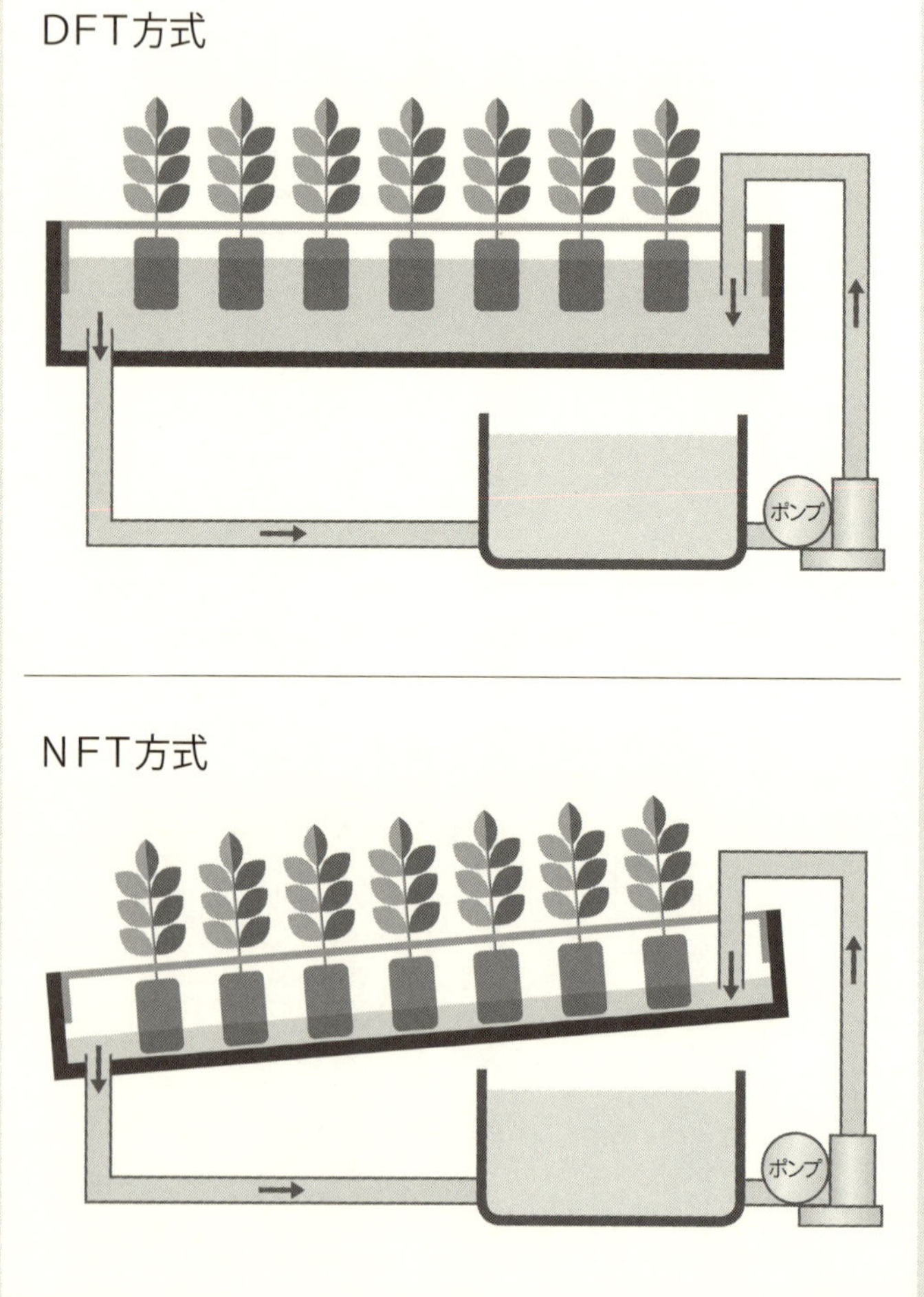

■図３　植物工場基本システム

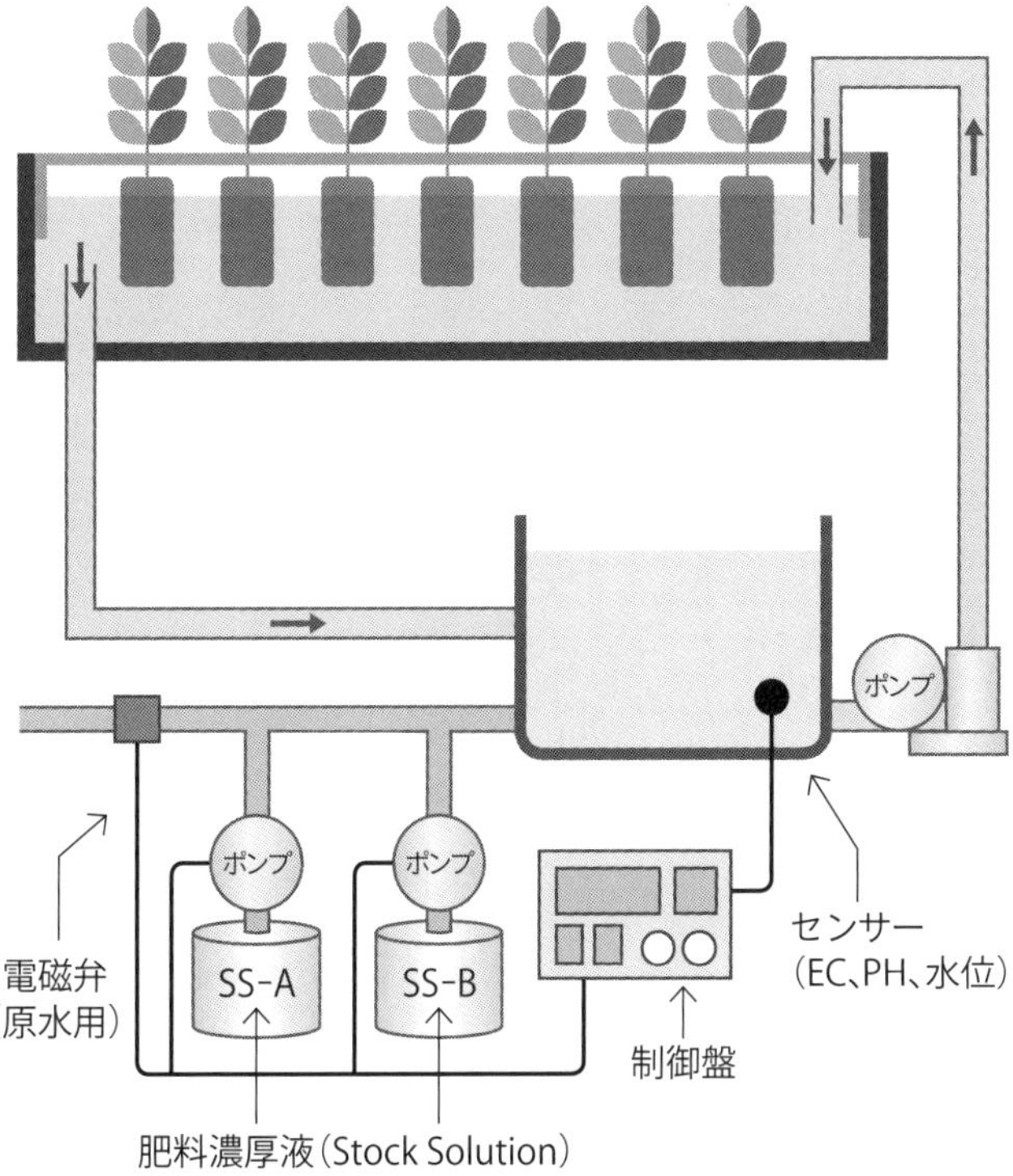

数）とＥＣ（電気伝導率）の情報をセンサーで読みとり、制御盤にあらかじめ設定された値に自動制御し管理しています。

◆植物工場の可能性

閉鎖型植物工場において、設計、資材、管理システムなどの分野では、日本は世界をリードしており、その技術力が世界に輸出されていく流れが期待されます。一方、品種改良、太陽光併設型においてはオランダ方式、イスラエル方式に学ぶべきところがあります。

私が経営するＡＧＬ（アグリエル）の技術は、ＤＦＴ方式、ＮＦＴ方式の技術を踏まえつつ養液栽培培地にビーズを使用し、樹脂及びセラミック培地の表面水を作物の根に供給するシステムです。樹脂及びセラミックを使用することにより、表面水が重力の影響を受けないため、無重力環境での栽培が可能になります。このシステムは、ＨＳＵにも納入されているものです。

現在、さらなる可能性を探り、葉物だけではなく根物の研究を進めています。従来の植物工場では、養液に作物の根が浸っている状態であるために葉物しか栽培できませんでした。しかし、樹脂及びセラミックの培地の空隙《くうげき》に根物を形成することで、ジャガイモの栽培に成功しています。これは、間欠養液供給方式といい、表面水の水分量の変化に伴い養液を供給するシステムです。

また、ＨＳＵでは栽培実験として、千葉県という土地柄、落花生の栽培にもとり組んでいます。

栽培方式は、土の団粒構造を樹脂及びセラミック培地で、土地利用型土耕栽培を植物工場内に再現したものです。

スポンジ培地の場合、植物の根がスポンジ培地のなかまで入り込み、一回きりの使い捨てになるため、産業廃棄物が発生してしまいます。しかし、樹脂及びセラミック培地の場合、培地の表面水のみで栽培するため、栽培終了後、洗濯機な

4. 間欠栽培方式により根菜・生野菜の栽培が可能に

従来の栽培方式では栽培困難な理由	⇒ 問題解決のための効果
① 生産物が養液のなかにあるため、いくら溶存酸素を増やしても腐敗してしまう。	① 養液栽培において、土耕栽培と同じ土を使用せずに団粒構造が構築できる。
② 噴霧方式だと、生産物が毛根化してしまい、生産物本来の姿にならない。	② 栽培作物に水分、酸素が必要なとき、根圏の栽培環境を設定できる。
③ 養液のへたり、雑菌の発生による病気が発生する。	③ 高価な電磁バルブ設置や手動による人手をかけないことで、コスト削減が可能。

露地栽培	⇒ 閉鎖型植物工場
・ジャガイモ浴光：約1ヶ月 （ジャガイモに光を当て、約1cmの芽を出す作業） ・ジャガイモの分割 （芽の数だけ分割可能） ・ジャガイモカット面の乾燥殺菌処理：約1週間 ・定植 ⇩ 栽培管理日数：約110〜130日 ◆1年に1回の栽培しかできない	・プランター定植（浴光なし） ・AGL栽培管理システム方法で収穫 ⇩ 栽培管理日数：約150日 （収量増加・栽培期間の短縮可 ⇒ 90〜100日） ◆栽培時期を問わず、周年栽培が可能 ◆食味は露地ものと変わらない

■図4　ＡＧＬ栽培システムの特徴

1. DFT、NFTの長所を生かした大量生産可能な栽培設備

- 根圏への空気、液肥からの酸素供給機能
- 成長段階に応じた水位調整機能

従来のＤＦＴ方式：溶存酸素の影響を受けやすく品質安定が難しい／大量安定生産が困難
従来のＮＦＴ方式：液肥流量変化などによる生育障害／大量安定生産が困難

2. 多段式栽培設備、自動収穫装置及び動線レイアウト、最適環境制御による人件費削減

- 他社と比較して人件費1/2以下

⇔ 他社は番地収穫（人がその場所にいて収穫時・定植時を行う）

3. 衛生環境を保つ栽培設備

- 虫の生息域を排除（兵糧攻め）することにより、安定生産可能
- 建物、設備を衛生的に保つことが可能

⇔ 他社：ラック構造／照明、プランター構造において汚れがつきやすい／一部掃除ができない仕様のため約半年～１年で全体特別清掃が必要／生産ストップ／空調・内装材などの修繕、といった問題が生じている

- 培地にアオコの発生がない栽培方法

どで洗浄して再利用ができます。

樹脂及びセラミック培地は特許を取得しており、特許権利者及びＨＳＵのみが使用できます。

前ページの表は、ＡＧＬの栽培システムの特徴を説明したものです。①従来の培養システム改良による大量生産設備や、②多段式栽培設備や収穫の合理化などにより、労働生産性を従来の二倍、土地生産性を五〇倍以上にあげています。特に、自動収穫装置の技術により、パート一名あたりの栽培パッケージ数は、一日（八時間）で二〇〇〜五〇〇です。

また、硝酸態窒素のヨーロッパ基準も、他社に先駆けてクリアしており、現在は硝酸態窒素含有量1000ppmまで落としています。

最初に説明した通り、植物工場は栽培技術や設計技術は大きな価値を生み、差を生みます。日々、改良に改良を重ね、工夫し、研究を積み重ねていくものなのです。

◆植物工場などの技術経営に携わる方へ

現在の植物工場と将来の植物工場の可能性について概略を説明しました。日本の閉鎖型植物工場は現在、世界最先端の科学技術の粋《すい》を駆使しており、養液栽培学会、植物学者におかれても、敬意を表するところであります。養液のなかの成分を計測するセンサー性能も素晴らしく、源水浄化装置においても逆浸透膜（RO膜）、空調設備機器デシカントなど、ここでは紹介しきれない最先端技術は山ほどあります。

今回は、私が開発した、無重力環境でも栽培可能な植物栽培システムについて重点的に紹介させていただきました。この栽培システムでは、ほとんどの植物の栽培が可能であり、人類に必要な必須栄養素、炭水化物（ジャガイモ）、たんぱく質（大豆栽培による納豆）、ビタミン（野菜）食糧の生産、栽培が可能です。

現在、世界では九人に一人は飢餓で苦しんでいます。また、自然災害による生産者リスクもあり、食糧問題は直近の懸案事項であると思います。各関係機関が問題を共有しなければ、一技術者で解決できるものではないでしょう。

半面、烏合《うごう》の衆のように植物工場を提案している会社があるなかで、その栽培技術までを、外部から見抜くことはなかなかできないものです。植物工場提案会社のなかには、事業収支を一万パッケージで提案し、一万株生産工場といいながら、その実、生産能力は出荷数三千パッケージしかないところもあります。こうした提案は、植物工場全体へ影響するため、植物工場提案会社は誠実にとり組んでほしいものであります。

最後に、これから植物工場に携わろうとされる方々におかれましては、基礎技術をしっかりと学び、解決すべき課題を明確化し、「その課題に対し何ができるか」を分析し、食糧生産に寄与していただきたいと願っています。

将来を担う方々に期待を寄せています。

4. 情報関連の産業・学問の現状と未来について

福井幸男

◆最近の基幹産業「情報技術」

基幹産業の変遷をおおまかにみれば、まず、農耕、狩猟、水産を中心とした第一次産業があります。次いで、第二次産業の時代は、機械系に始まり、電気・電子系、化学、バイオ関連の生物系の産業が生まれ、産業界の分化、多様化が進みました。さらに、情報化時代に移ると、情報と人、人と人とのかかわり合いの、いわゆるサービス産業が発達してきました。こうした流れは「第三の波」と呼ばれます(※)。

現在では、コンピュータネットワークが発達して世界の主要部をつなぎ、情報技術はあらゆる産業界に浸透しています。この時間は、情報学、情報産業にかか

※ A・トフラー著、徳岡孝夫監訳、『第三の波』、1982年、中公文庫

わる動向を概観します。

◆現在の情報分野の知識体系

機械工学、電気・電子工学には約三百年の歴史があるのに比べて、情報工学、情報科学、および関連産業は数十年の歴史しかありません。しかしその広がりは、機械工学や電気・電子工学にも匹敵するほど、さまざまな分野・領域に広がっています。

二九八ページから二九九ページに「情報処理教育のための関連領域一覧」を載せています（表1）。これは、情報処理学会の「情報処理教育委員会」のプロジェクトで、情報処理教育の体系化を目指して分類した体系案をもとに一部変更したものです。

「大分類」の内容をごく簡単にまとめます。まず、「情報関連理論」は、現在の情報技術の基盤となる数学的理論が中心です。次にくる「プログラミング」「アルゴリズム」「情報管理」はソフトウェア的な側面が強いのが特徴です。逆に、「アーキテクチャ」「ネットワーク」はハードウェア的な側面が強く出ています。そして、「マルチメディア」「インタラクション」は、学術的研究や新デバイスの開発などが中心です。一番下の「情報倫理と社会」では、全地球的規模の情報ネットワークシステムを正しく使うための教育となっています。

ここが一番重要なところですが、現在、「世界全体における正義とは何か」「悪とは何か」についての基準が統一されていません。そのため、さまざまなコンピュータウィルス技術が開発され、これらを組み合わせた悪意あるマルウェアによるサイバー攻撃が、日常的に世界規模で行われています。

このことから、技術だけが進んでも、人間の精神性も同時に高めていかないと幸福や真の平和の実現に近づけないことがわかります。世界レベルで意識的にまとまることができる仏法真理の価値観を、一日も早く世界規模に広める必要があると考えられます。

大分類	小分類	項目例
	アーキテクチャ	論理回路と論理システム
		マシンレベルでのデータ表現
		アセンブリレベルのマシン構成
		メモリシステムの構成
		インタフェースと通信
		並列処理、分散システムの構成
	ネットワーク	ネットワークコンピューティング
		ネットワーク・セキュリティ
		サーバ・クライアントモデル
		ウェブアプリケーション
		ネットワーク管理
		ワイヤレス、モバイルコンピューティング
		コンパイラとインタプリタ、中間言語
	マルチメディア	情報理論
		文字コード
		標本化、量子化、圧縮
		マルチメディア機器
		コンピューティンググラフィックス
		コンピュータビジョン
		自然言語処理
	インタラクション	ユーザインタフェース
		心理・知覚に基づく情報呈示
		グラフィックユーザインタフェース
		バーチャルリアリティ、拡張現実感
情報論理と社会	メディアリテラシー	メディア情報の評価・判断力
	情報セキュリティ	攻撃対策、偶発故障対策
	情報関連の法律	知的所有権、プライバシー保護、不正アクセス禁止法

■表1　情報処理教育のための関連領域一覧

大分類	小分類	項目例
情報関連理論	関数、関係、集合	ベン図、単射、全射、推移律
	論理	命題論理、述語論理、三段論法
	グラフ	無向・有向グラフ、二分木、全域木
	証明技法	対偶、背理法、帰納法、演繹法
	数え上げ	順列、組み合わせ、条件付き確率
	オートマトンの正規表現	有限オートマトン
	計算論	計算可能性、チューリングマシン
プログラミング	構成要素	変数、型、式、引数、入出力、制御
	手続き型言語	C、C++、Java、Fortran、BASIC
	オブジェクト指向言語	Java、C++、Objective-C
	関数型言語	LISP、Schema、Scala
	論理型言語	Prolog、PARLOG
	スクリプト言語	Ruby、Perl、PHP、Python
	コンパイラとインタプリタ、中間言語	
アルゴリズム	計算量	多項式時間アルゴリズム、NP完全
	探索法	二分探索、分割統治、動的計画法、A*アルゴリズム、ハッシュ関数
	幾何アルゴリズム	凸包、ボロノイ図、ドロネー三角形
	インテリジェントシステム	機械学習、知識表現と推論、遺伝的アルゴリズム、深層学習
	並列・分散アルゴリズム	
	エージェント	自然言語処理、制約充足問題
情報管理	関数データベース	正規化、直交性、問い合わせ言語
	分散データベース	分散処理、データベースリンク
	デバイス管理と入出力	デジタルとアナログ処理、規格
	認証とアスセス制御	Basic認証、LDAP認証

◆情報化の発展を支える、さまざまなネットワーク技術

①情報の流れの末端でのユーザインタフェース

コンピュータネットワークによる情報化は、巨大マスメディアが独占していた情報発信機能を、一般個人でも発信できるようにしました。この変化は今後も続くと思われ、政府や一部マスコミが情報を独り占めすることが困難になっていきます。これは、ある意味で情報による新世界の創出であり、ウェブブラウジングの考え方の出現がその鍵になったと考えられます。

一九九〇年代初期のブラウザは、WorldWideWebからMosaic, Netscape Navigatorなどへと進化してテキストと画像とを同時に閲覧できる機能を持つようになりました。「多数の物理的な実態存在としてのコンピュータ」から、必要な情報・機能だけを抽出して利用できるという意味で、ユーザにとって利用可能範囲が一挙に拡大したことになります。

現在はさらに進んで、「機能を提供する実態としてのコンピュータ」をまったく意識しなくてもサービスを利用できるようになりました。その代表的な例が「クラウド」です。

② ウェブ 2.0 以降

「ウェブ2.0」とは、ティム・オライリーによって二〇〇五年に提案されたユーザ参加型、ユーザ発信型のウェブサイトを可能にする技術です。これは、ネットワークにつながったウェブブラウザ（Google Chrome, Internet Explorer, Firefox, Safari, Opera など）を通して、世界のウェブサーバが提供する情報に容易にアクセスできるようになった次の段階として、情報の流れを逆方向にする考え方を加えたものです。これは、以下のようなサービスにより具体的に展開されています。

●分類する手間をかけず、タグづけによって検索しやすくする（Flickr, YouTube, delicious（初期は delicio.us）、はてなブックマークなど）
●ユーザの貢献によってほかのユーザに利便性を与える（Google の PageRank, Amazon のカスタマーレビュー機能など）
●公表するだけでなく、相互に積極的に参加できる（ブログ、ソーシャルネットワーキングサービスなど）
●内容豊かなユーザ体験を可能とする動的提示法（Ajax, Flash など）
●ユーザのセルフサービスで広告収入が得られる（Google AdSense など）
●信頼を前提とした、コンテンツの協働作成（Wikipedia など）

こうした新機能を支えるには、裏方の技術が要ります。サービス提供者はこれらのインタフェース仕様などの技術を駆使し、新機能を開発しています。

- RSS1.0, RSS2.0, Atom1.0 —— XML（Extensible Markup Language）を使って、サイトの更新情報などのメタ情報を配信する
- SOAP（Simple Object Access Protocol）—— Google が提供するウェブ検索サービスで使われているユーザプログラムからの利用インタフェース仕様
- REST（Representational State Transfer）—— Yahoo が提供するウェブ検索サービスで使われている、ユーザプログラムからの利用インタフェース仕様
- WSDL（Web Services Description Language）—— ウェブサービス用インタフェースを定義する XML 形式の言語
- Ajax（Asynchronous JavaScript ＋ XML）—— 直観的なインタフェースが構築可能なツール（Google Map など）

さらに、ウェブブラウザ自体の仕様も、新しい HTML5 が W3C（World Wide Web Consortium）によって導入されます。人間にもシステムソフトにも、ブラウ

ザにも明確にわかるような仕様であり、最新のマルチメディアもサポートするようになります。

③ 複数のウェブ機能を組み合わせた新しいサービス

ウェブを一般ユーザが積極的に利用する流れは今後も続くことが想定されます。インターネットユーザには大雑把に分けて、一般ユーザグループと、ビジネスとしてサービスを構築し、提供するグループの二通りがあります。ウェブ2.0とは、この二通りのグループを任意に結んで、大量のデータのやり取りが可能となる技術・状態です(※)。

たとえば、地図情報やデータベースなど、単独の機能を提供するサイトが多数あります。そこに、提供される情報をより便利に利用できるインタフェース仕様を公開すれば、一般ユーザがそれぞれの機能を自由に組み合わせて、新しい機能を持つソフトウェアを開発できるようになるのです。つまり、一般ユーザグループ

※ 梅田望夫著、『ウェブ進化論』、2006年、ちくま新書

は、ニーズに合わせた新しい機能を持つソフトウェアをつくることができます。

インターネット上には生情報があふれており、このなかから有意な情報を抽出する「ビッグデータからのデータ分析」の研究もさまざまな分野で行われています(※)。たとえば、インターネット上のデータをインターネット上で加工する「クラウド処理サービス」ビジネスが成長しています。ビッグデータ向けの統計分析処理を行ったり、その結果から新しいニーズを掘り起こして提案したりするコンサルティングなども新しいビジネスの可能性を秘めています。

◆未来の情報産業に向けて

①仏法真理の未来価値を活用するビジネス

一方、幸福の科学教学を学んでいる私たちの立場からみれば、真理価値が未来の価値基準になることを見込んで、次のようなことが期待されます。

※中野美由紀＋山名早人編、「ビッグデータがもたらす超情報社会」、「情報処理」56巻、情報処理学会

現在、悪質なコンピュータウィルスをフィルタリングして排除するソフトが使われていますが、たとえウィルスが排除されても、生情報はますます増えていく一方です。そのため、次の段階は、良質な情報のみをフィルタリングしてとり込むことになります。そこで、インターネット上の生情報を真理価値基準に照らしてフィルタリングするソフトウェアやハードウェアをつくるのです。形態としては、ソフトウェアか、チップ化してコンピュータ本体の処理能力を落とさずに機能するUSB型フィルタリングドングルも考えられます。一番の課題は、仏法真理の膨大な体系を、いかにしてフィルタリングする機能に変換するかです。

最初に考えられるのは、仏法真理の書籍に書かれたキーワードをすべてデータベース化して、これらのキーワードの出現頻度の統計をとり、ウェブサイトの特徴を抽出することです。しかし、これは成功が難しいと思われます。なぜなら、このシステムが分析できるのは言葉のマッチングだけであって、縦横無尽に対応する仏法真理の心がわからないからです。心の問題をコンピュータにとり込むのは、予想以上に困難です。

人工知能がさらに高度化されて、霊界科学の技術を用いるなどの大きなブレイクスルーが起きれば解決できる可能性はあると思われます。

②コミュニケーションの未来

現在、大人数の会議に遠隔地で参加する際に、リアルタイムで画像・音声を双方向に送るインターネットの遠隔会議専用装置があります。また、少人数であれば、Skypeなどのソフトウェアをパソコンで使えば、コミュニケーションが可能です。クラウドサービスで提供しているものもあります。しかし、これらはいずれも「テレビ会議」のイメージの延長で、本物の臨場感が乏《とぼ》しいままです。

未来の遠隔地会議は、参加者が皆、あたかも本会場にいて、直接意見交換をしているかのような臨場感が期待されます。たとえば、映画「スターウォーズ」シリーズの場面にも出てきますが、空中に３Ｄ映像を映し出し、本人もしくは本人のアバターが会話をするようなものです。

この場合、遠隔地にいる人は、リアルタイムで遠隔会議に臨む場合と、自分の代理アバターが遠隔会議に臨み、本人はあとで結果を聞く場合とが可能になります。ちなみに、空中に３Ｄ映像を出す技術の基礎実験はすでに行われています（※）。現在、基礎実験が行われていますが、実用化のためには安全性、高速化に関する技術開発が必要です。

このように、未来の会議は、３Ｄホログラムのような立体イメージで、あたかも会議に参加しているかのように表示されるようになるでしょうが、次の課題としては、遠隔地の本人がそのとき、どのように対応できるかだと思われます。

◆人類の相互理解のため、情報技術を革新していく

今回は、とてもコンパクトではありましたが、情報関連分野の教育研究領域と

※ Hidei Kimura, Taro Uchiyama, Hiroyuki Yoshikawa: Laser produced 3D Display in the air,ACMSIGGRAPH 2006 Emerging technologies

それらの産業への応用に関して、現在と将来の一部の予測を独断で述べてみました。なかでも重要なのは、仏法真理の体系をサービス産業全体にいかにして溶け込ませるかという課題です。さらに踏み込んだ革新的な新技術は、やはり霊界を探究することから始まるものと推定できます。

全地球が平和になり、宇宙貿易ができる時代へと突入するためには、国境、民族、人種を越えた相互理解が必要です。そのためには、インターネットと関連産業をさらに馴染みやすくするための、幾段階もの技術革新が期待されていると考えています。

あとがき

開学一年目前期の講義録ということで、人間幸福学部、経営成功学部、未来産業学部それぞれの代表的な授業サンプルを六本お届けしました。紙面の都合で今回は紹介しきれませんでしたが、HSUにはほかにも多彩な人気授業があります。

二〇一六年四月には未来創造学部の新設が予定されており、「現代政治研究」「ジャーナリズム論」「クリエイティブ入門」「演技論」など、政治・ジャーナリズムや芸能・クリエーターの分野で、特徴的な授業が用意されています。これらも機会があれば、続編という形で紹介していければと思います。

また、HSU生は、学業だけではなくサークル活動、ボランティア活動、HSU祭や学生寮の運営などの課外活動にも全力投球です。私自身も「作務サークル」(※)の顧問を請われてさせていただいておりますが、学生たちが自主的に、HSUの礼拝堂作務《さむ》や地域清掃ボランティアに赴《おもむ》き、黙々と真摯《しんし》にとり組んでいる姿に

※ 作務とは、心を深くみつめ、愛や感謝の心で環境整備を推し進める修行。

宗教的感動を覚える瞬間が多々あります。HSUの全体像がみえるレポート本は、来春三月に刊行予定ですので、どうぞご期待ください。

最後に、創立者である大川総裁のお言葉を紹介させていただきます。

本学は日本の夢であり、世界の希望でもあるのだ。

中学・高校以上に学問の自由が保障されるべき大学で、現実に宗教的バックボーンを持った学問を学びたいと願う学生が、日本全国と海外にも待っているのだ。

まだそのスタート時の規模は、パイロット事業的に小さいが、やがて世界一の大学を目指していくつもりである。

(『幸福の科学大学創立者の精神を学ぶⅡ(概論)』あとがき)

HSUの授業が活気にあふれ、教授陣も学生たちも真剣勝負の気持ちで日々学び続けているのは、この創立者の精神を本気で実現したいと思っているからです。近い将来、必ずやＨＳＵが全世界の希望となり、新文明の発信地となっていくことを確信いたしております。

今後共、教授陣・学生一同、大いなる志《こころざし》を胸に抱き、創立者・大川隆法総裁のご指導のもと、ＨＳＵを世界一の教育機関とすべく、全力を尽くして努力していく所存です。

二〇一五年十一月十五日

ハッピー・サイエンス・ユニバーシティ
バイス・プリンシパル 兼 人間幸福学部ディーン　黒川 白雲

編者＝ 黒川白雲（くろかわ・はくうん）

1966年生まれ。兵庫県出身。1989年早稲田大学政治経済学部政治学科卒業。同年東京都庁入庁。1991年より幸福の科学に奉職。指導局長、活動推進局長、人事局長などを歴任。2014年、東洋大学大学院経済学研究科卒業。現在、ハッピー・サイエンス・ユニバーシティ バイス・プリンシパル 兼 人間幸福学部ディーン。幸福の科学本部講師。おもな著書に『知的幸福整理学』『比較幸福学の基本論点』『人間とは何か』（幸福の科学出版）、編著書に『HSUテキスト5 幸福学概論』、共著に『国難に備えよ』『日本経済再建宣言』（幸福の科学出版）などがある。

HSU 未来をつくる授業

世界に貢献する人材を育てる

2015年12月1日　初版第1刷

編者　黒川 白雲

発行　HSU出版会
〒299-4325 千葉県長生郡長生村一松丙4427-1
TEL（0475）32-7807

発売　幸福の科学出版株式会社
〒107-0052　東京都港区赤坂2丁目10番14号
TEL（03）5573-7700
http://www.irhpress.co.jp/

印刷・製本　中央精版印刷㈱

落丁・乱丁本はおとりかえいたします

ISBN 978-4-86395-741-1　C0037

WELCOME TO HAPPY SCIENCE!

幸福の科学グループ紹介

「一人ひとりを幸福にし、世界を明るく照らしたい」──。その理想を目指し、幸福の科学グループは宗教を根本《こんぽん》にしながら、幅広い分野で活動を続けています。

宗教活動

幸福の科学【happy-science.jp】

- 支部活動【map.happy-science.jp（支部・精舎へのアクセス）】
- 精舎（研修施設）での研修・祈願【shoja-irh.jp】
- 学生局【03-5457-1773】
- 青年局【03-3535-3310】
- 百歳まで生きる会（シニア層対象）
- シニア・プラン21（生涯現役人生の実現）【03-6384-0778】
- 幸福結婚相談所【happy-science.jp/activity/group/happy-wedding】
- 来世幸福園（霊園）【raise-nasu.kofuku-no-kagaku.or.jp】

来世幸福セレモニー株式会社【03-6311-7286】

株式会社 Earth Innovation【earthinnovation.jp】

社会貢献

ヘレンの会（障害者の活動支援）【www.helen-hs.net】

自殺防止運動【www.withyou-hs.net】

支援活動

- 一般財団法人「いじめから子供を守ろうネットワーク」【03-5719-2170】
- 犯罪更生者支援

国際事業

Happy Science 海外法人
【happy-science.org（英語版）】【hans.happy-science.org（中国語簡体字版）】

教育事業

学校法人 幸福の科学学園

- 中学校・高等学校（那須本校）【happy-science.ac.jp】
- 関西中学校・高等学校（関西校）【kansai.happy-science.ac.jp】

宗教教育機関

- 仏法真理塾「サクセスNo.1」（信仰教育と学業修行）【03-5750-0747】
- エンゼルプランV（未就学児信仰教育）【03-5750-0757】
- ネバー・マインド（不登校児支援）【hs-nevermind.org】
  - ユー・アー・エンゼル！運動（障害児支援）【you-are-angel.org】

高等宗教研究機関

- ハッピー・サイエンス・ユニバーシティ（HSU）

政治活動

幸福実現党【hr-party.jp】

- <機関紙>「幸福実現NEWS」
- <出版> 書籍・DVDなどの発刊

HS 政経塾【hs-seikei.happy-science.jp】

出版 メディア 関連事業

幸福の科学の内部向け経典の発刊

幸福の科学の月刊小冊子【info.happy-science.jp/magazine】

幸福の科学出版株式会社【irhpress.co.jp】

- 書籍・CD・DVD・BD などの発刊
- <映画>「UFO 学園の秘密」ほか８作
- <オピニオン誌>「ザ・リバティ」【the-liberty.com】
- <女性誌>「アー・ユー・ハッピー?」【are-you-happy.com】
- <書店> ブックスフューチャー【booksfuture.com】
- <広告代理店> 株式会社メディア・フューチャー

メディア文化事業

- <ネット番組>「THE FACT」【youtube.com/user/theFACTtvChannel】
- <ラジオ>「天使のモーニングコール」【tenshi-call.com】

スター養成部（芸能人材の育成）【03-5793-1773】

入会のご案内

幸福の科学では、大川隆法総裁が説く仏法真理《ぶっぽうしんり》をもとに、「どうすれば幸福になれるのか、また、他の人を幸福にできるのか」を学び、実践しています。

入会

仏法真理を学んでみたい方へ

大川隆法総裁の教えを信じ、学ぼうとする方なら、どなたでも入会できます。入会された方には、『入会版「正心法語」』が授与されます。

三帰《さんき》誓願《せいがん》

信仰をさらに深めたい方へ

仏弟子としてさらに信仰を深めたい方は、仏《ぶっ》・法《ぽう》・僧《そう》の三宝《さんぼう》への帰依を誓う「三帰誓願式」を受けることができます。三帰誓願者には、『仏説・正心法《しょうしんほう》語《ご》』『祈願文《きがんもん》①』『祈願文②』『エル・カンターレへの祈り』が授与されます。

INFORMATION

幸福の科学 サービスセンター

TEL 03-5793-1727 （受付時間/火～金：10～20時 土・日祝：10～18時）

幸福の科学 公式サイト happy-science.jp

HAPPY SCIENCE UNIVERSITY

学部のご案内

人間幸福学部

人間学を学び、新時代を切り拓くリーダーとなる

人間の本質と真実の幸福について深く探究し、
高い語学力や国際教養を身につけ、人類の幸福に貢献する
新時代のリーダーを目指します。

経営成功学部

企業や国家の繁栄を実現する、起業家精神あふれる人材となる

企業と社会を繁栄に導くビジネスリーダー・真理経営者や、
国家と世界の発展に貢献する
起業家精神あふれる人材を輩出します。

未来産業学部

新文明の源流を創造するチャレンジャーとなる

未来産業の基礎となる理系科目を幅広く修得し、
新たな産業を起こす創造力と起業家精神を磨き、
未来文明の源流を開拓します。

未来創造学部

2016年4月
開設予定

時代を変え、未来を創る主役となる

政治家やジャーナリスト、ライター、俳優・タレントなどのスター、
映画監督・脚本家などのクリエーターを目指し、国家や世界の発展、
幸福化に貢献できるマクロ的影響力を持った徳ある人材を育てます。

キャンパスは東京がメインとなり、2年制の短期特進課程も新設します（4年制の1年次は千葉です）。2017年3月までは、赤坂「ユートピア活動推進館」、2017年4月より東京都江東区（東西線東陽町駅近く）の新校舎「HSU未来創造・東京キャンパス」がキャンパスとなります。

入会のご案内

あなたも、幸福の科学に集い、ほんとうの幸福を見つけてみませんか？

幸福の科学では、大川隆法総裁が説く仏法真理をもとに、「どうすれば幸福になれるのか、また、他の人を幸福にできるのか」を学び、実践しています。

入会

大川隆法総裁の教えを信じ、学ぼうとする方なら、どなたでも入会できます。入会された方には、『入会版「正心法語」』が授与されます。（入会の奉納は1,000円目安です）

ネットでも**入会**できます。詳しくは、下記URLへ。
happy-science.jp/joinus

三帰《さんき》誓願《せいがん》

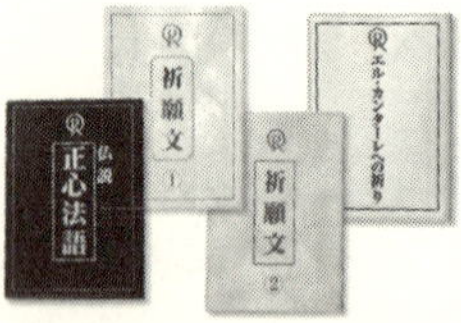

仏弟子としてさらに信仰を深めたい方は、仏・法・僧の三宝への帰依を誓う「三帰誓願式」を受けることができます。三帰誓願者には、『仏説・正心法語』『祈願文①』『祈願文②』『エル・カンターレへの祈り』が授与されます。

植福《しょくふく》の会

植福は、ユートピア建設のために、自分の富を差し出す尊い布施の行為です。布施の機会として、毎月1口1,000円からお申込みいただける、「植福の会」がございます。

「植福の会」に参加された方のうちご希望の方には、幸福の科学の小冊子（毎月1回）をお送りいたします。詳しくは、下記の電話番号までお問い合わせください。

月刊「幸福の科学」

ザ・伝道

ヤング・ブッダ

ヘルメス・エンゼルズ

INFORMATION
幸福の科学サービスセンター
TEL. 03-5793-1727（受付時間 火～金：10～20時／土・日・祝日：10～18時）
幸福の科学 公式サイト **happy-science.jp**